Tailleur de rêves

Bruno COSSON

Tailleur de rêves

Poésie

Du même auteur :

Un roman de Renart BoD, 2021 *nouvelle édition*

Journal du vertige BoD, 2025 *nouvelle édition*

Contes décousus BoD, 2025 *nouvelle édition*

Quatre *à paraitre*

© 2025 Bruno COSSON édition revue et augmentée
Édition : BoD · Books on Demand, 31 avenue Saint-Rémy, 57600 Forbach, bod@bod.fr
Impression : Libri Plureos GmbH, Friedensallee 273, 22763 Hamburg (Allemagne)

Illustration : Pastel de l'auteur

ISBN : 978-2-3225-7364-6 Dépôt légal : février 2025

Poèmes et chansons taillés dans la patine des nuits et des jours.

Je ne suis qu'un tailleur de rêves
Un oiseau de passage au ciel des mots.

Les mots

PARCHEMIN

Parler parler de tout de rien
De nos joies de nos chagrins

Parler d'un passé que la mémoire et l'oubli
N'ont pu se partager que nul ne viendra chanter
Qui n'est rien qu'un sourire dans les vapeurs du temps
Qui tient en quelques mots sur un papier taché
Ou dans le regard d'un visage défait

Parler parler du jour qui vient
Du temps qu'il fera demain
Parler pour être moins seul
Parler parler tout seul
Parler pour être de son temps
Pour se sentir vivant

Parler d'un passé qui n'a rien à raconter

Quand tout est inscrit dans tes mains et qu'une horloge triste
T'accroche dans le cœur des secondes infinies
Quand le hasard soupire et qu'il n'attend plus rien

Parler d'un passé qui n'a pas de message
Les horloges arrêtées redevenues sauvages

Bardé d'incertitudes
Redevenir sauvage

UN RÊVE UN MENSONGE UNE PROMESSE

Un rêve un mensonge une promesse
Des mots doux devant la douleur

Des mots de toutes les caresses
Des mots de toutes les couleurs

Ici c'est l'hiver en bataille
Ailleurs c'est l'espoir en alerte
Autre part le vent la mitraille
La mort devant la porte ouverte

Nous sommes nés sans bannière
Aurons-nous jamais notre part
De liberté et de lumière ?
Ici ailleurs ou autre part

Un rêve un mensonge une promesse
Des mots d'où ?
Un peu de chaleur

Et des mots de toutes les caresses
Et des mots de toutes les couleurs

OÙ VONT MOURIR LES MOTS

Un trésor oublié sur l'arceau de la vie
J'ai trempé ma plume dans l'encre des chimères
Je reviens à ces mots comme on revient au port
Peut-être en chien perdu

Ailleurs l'ennui l'orgueil la haine
Les mailles des secondes qui nous drainent
Des chiens des loups des fous hurlent à la ronde
Je reviens à ces mots comme on revient au port
Personne ne saura
Peut-être un chien perdu

Où vont mourir les mots ?

Quand ils s'en vont à cloche pieds
Sur la marelle de nos inconséquences
Quand ils s'en vont à cloche-cœur
Sans dire un mot

À cloche-rêves les mots s'en vont
Un rêve à droite un rêve à gauche
Sans dire un mot
Ils nous pardonnent

Les mots qui passent notre vie à mentir
Ils vont passer par ici
Ils repasseront plus tard

Ils reviendront les mots

Avec des accents inconnus
Avec des couleurs nouvelles
Avec des mots d'ailleurs

JE T'AI VOLÉ CES MOTS

À Dyane

« Je reviendrai sereine écrire sur l'eau paisible »
Les mots s'évanouissent à la traine d'un refrain
Les mots qu'on n'a pas dits imprudents et sensibles
Valsant sur l'onde claire désormais sans chagrin

Devant la feuille blanche tombée d'un oiseau livre
Libre d'avoir patience dans ce nouvel écrin
Des verbes épargnés vont danser et revivre
Et te verront souriante écrire sur ce lutrin

« Je reviendrai sereine écrire sur l'eau paisible »
Je t'ai volé ces mots à peine sortis du bain
Poète pour te suivre aux chemins des possibles
Où les rimes sont pauvres mais sincères dans nos mains

Je t'ai volé ces mots tendrement comme un chien
Si les rimes sont pauvres fières et irrésistibles
Prêtes à verser des vagues de rires des vagues de rien
Sur l'onde si douce tu reviendras paisible

Sur l'onde si douce

L'USURE ET LA PATINE

Choisis des mots plus fiers à décrocher l'azur
Je me souviens mon cœur mon cœur prenait son temps
Marchant depuis l'aurore d'une journée de printemps
Et les parfums d'hier rattrapés par l'usure

Je vois la vie comme un vieux livre une routine
Aimerais-je demain ces rides sur ma peau
Quand lâcher prise et quitter tous les oripeaux ?
Jeter l'ogre cabotin garder la patine

Quelle ingénue chargée de battre la mesure
Esquisse un pas dans le ballet des sentiments
Dans ces lignes tracées avec les compliments
Du temps qui passe est-ce la patine ou l'usure ?

Quoi que je dise au souvenir d'une comptine
Jour après jour la vie me lève et me sourit
Quelqu'un choisi et prends la place du favori
Cette fantaisie est-ce l'usure ou la patine ?

Quelle heure est-elle ? Poubelle souffle l'usure
Quelle heure est-elle ? Pastel dit la patine
Choisis des mots plus tendres à tes humeurs chagrines
Dira celui qui cherche une rime à ses blessures

Quelle heure est-elle ?
Dentelle

Tailleur de rêves

LES MASQUES

Les masques dansent
Balancés graciles
Mimes étonnés
Les masques dansent

Ils pensent
Aux saisons douces
La mousse
Sous les bois verts

Ils pensent
Aux traces du bruit
Et leurs faces
Impavides

Ils lancent
Leurs regards vides
Espacent
Les gouttes de folie

Ils poussent
Les franges de la nuit
Retranchés
Détachés

Les masques dansent

COMMENT

Comme un poisson vert dans son bocal

Vert de rage ou vert de peur
Ou vert confusément
Ouvert comme un ciel de verre
Comme un livre ouvert

Avec délicatesse
Avec parcimonie

Vers mélancoliques
Vers qui remontent la vie !

Vers qui remonte la vie ?

Vers la nuit dans ta tête
Vers là-bas

Vers le soir qui tourne tourne
Tourne

Comme un poisson ver dans son bocal

DANS LES PALAIS DÉSERTS

Refrains profils nouveaux
Nouveaux déclins nouveaux regrets
Depuis
Dans le palais désert

Ceux des combats d'hier
Maigres et sales
Avec leurs armes déjà prêtes
Pour irriguer la mort d'un sang plus neuf

Ceux des dernières loteries
Les couleurs du drapeau à peine sèches
Prochain flambeau d'un rêve tranché
Sans voix sans vie la gorge rêche
Refrains profits nouveaux
Prochaines excuses

Ceux des combats d'hier
S'emparent des âmes de leurs fils
Dans les palais déserts

Le sang verse dans le gouffre des nues
Vermeil et pourpre à l'horizon blotti
La nuit s'approche drapée de rubis
Crépuscule offrande inconnue
Langoureuse au soleil échardé
Brulant les plaintes de la terre chenue
Errant devant les yeux d'un ciel fardé

Ivresse illusion séduction
Naitre sur cette rive
La magie des chimères délivre ses messages
Dans les palais déserts

LES RIVES DU TEMPS

Sur les rives du temps
Étincelle

Être
L'eau et la source
Le vent et le souffle
Le feu et la braise

Être
Là où l'on attend un mot sans interdit
Une rime insolente
Rien peut-être

Sur les rives du temps
Étincelle

Droites sur le lit vide
Livides
Sourdes vidées de tout
Inconscientes sans devenir sans goût

Le monde
À fuir pesant sur le drap froid gronde
Raide
La lumière boite visage
Qu'une ombre lèche
Les mèches
Jointes les larmes sèches

La mémoire boite sur les souches
D'hier
Seule à mentir la bouche
Titubant sur un rêve fêlé

Isolé de nous
Trébuchant
À genoux sur un rêve froissé
Soul humide et froid

La voix encore mal posée
Balance bascule
Tamis éventé
Sur la barque molle du temps passé

Vertige et repos
Retenir les courbes
L'épine dorsale de nos rêves
En souvenir de l'enfant mort

Moitié verger moitié désert
Lancés au ciel
Les dés ne sont jamais retombés
Les heures s'écharpent sur la terre

Quelques-uns prendront leurs luths
Ou leurs guitares

On les montrera du doigt

INTERVALLES

Alors

Elle sera debout sur un cri les yeux ouverts
Fragile elle aura la forme de nos trêves
Au profond d'un sommeil à l'envers à l'envers
Défardée et sereine quand le jour s'achève

Intervalle

Renaitre une chanson au corps qui se balance
Un départ un retour le ciel d'un nouveau goût
Au bord des lèvres
Bleu peut-être ivre d'enfance

S'il reste un cœur battant
S'il reste un regard doux

Alors

Dans l'ombre elle est debout sur un cri
Les yeux ouverts aux instants qui nous ressemblent

Intervalle

Être quelqu'un de temps en temps
SEUL
Face à face

Avec ou sans toi
Avec ou sans moi

Je t'ai trouvé
Ce n'était rien cela manquait
Un rêve un sourire un mensonge

Quand elle a dit je t'aime

Intervalle

Seul
Face à face
Un rêve un sourire un mensonge
Avec ou sans elle

Où qu'il brille
N'importe où
Dans la boue dans l'horreur

Tu ramasses ton rêve

LE BONHEUR

Creuser pour découvrir du pétrole ou de la boue
C'est toujours creuser
Là se bâtissent nos vies à l'infinitif

Tu criais au bonheur
Tu disais je veux tout
Je veux toutes les fleurs
Et je veux tous les fruits

Tu criais : Au bonheur ! Au bonheur !

Tu croyais que la nuit ne finirait jamais
Que jamais les rivières d'étoiles
N'arrêteraient leurs danses

Le bonheur des amants
C'est de ne rien imaginer

NOUS VIVONS

À l'abri
Dans un hameau sans cri

Où même les chiens sont étrangers
Où même la pluie met ses patins
Nous vivons

À l'abri
De nos bouts de ficelles
De nos miroirs mesquins
De nos vies parallèles
Nous vivons

Entre parenthèses au profond
Aujourd'hui et demain
Comme un éclat de rêve
Comme un morceau de rire
Si nous tombons

Dans la mémoire sans joie où naissent les adultes
Où s'étend le passé sans but sans passion sans génie
Face à rien dans l'éternel probable du présent
Tendus attendus peut-être
Bercés

Aurons-nous dans le cœur autre chose que l'ennui
Aurons-nous dans le cœur
Ailleurs qu'un souvenir
Si nous tombons

À l'ombre d'un mensonge d'une faiblesse
Fragiles
Soumis
Nous vivons

Plus un rêve

Nous n'aurons que l'étanche
Abri

L'urgence
Du rire amical

Rien vraiment

Le corps de la nuit
Offerte
Dévêtue
Debout

Effacée

Nue

Lacis désordonné
Joue contre joue
Vie contre vie

Comme les fibres
D'un même bois

D'un même tissu

Du même auteur

RÔDEUR

Et les jours s'en allaient
Sur le vaisseau fantôme de tes rires défaits

Quelque part il est temps
Mais ton regard s'éteint
C'est un songe oublié sur le tapis du vent

Tu t'enfermes au hasard dans un avenir clos
Demain demain peut-être souviens-toi !
Sous les coups de butoir d'un sommeil alourdi

C'est un rêve écarté
C'est la mer en allée

Quelques frissons s'inclinent au détour d'une rime
Tu n'es plus que le fard de tes yeux délavés

Que cherches-tu si loin dans le dédale des mots ?
Tu n'es plus que le jeu du regard où se noie
Ta mélancolie

Il ne reste que toi qui n'as pas su mentir
La lumière du dehors qui noircit peu à peu
Et déteint sur les rides d'un serment mal tenu
Sous les coups de butoir d'un sommeil alourdi

C'est un rêve écarté
C'est la mer en allée

Tu reviendras souvent dans ce désordre pur
Rôdeur de mémoire

Tu peux mentir longtemps
Une trace de toi décalquée quelque part

Une empreinte gravée sur le bord d'un sentier
Restera

L'écho d'un rire évanescent
Résonnera longtemps

**Réveille-toi
Regarde !**

Il t'a donné quelque chose
Une promesse un frisson une chance
Avant d'avoir usé nos différences
Avant d'avoir penché
Avant d'avoir menti

Le premier regard quelque chose
Une histoire d'amour inventée
Reprends ton rêve là où il t'a défait !

Une lettre volée
Un appel étonné
Un trait de vie

Tu reviendras souvent dans ce désordre pur

**

Quand la mélancolie se charge de ce voile
De ce charme inconstant que lui prête le vent
Sous le ciel frissonnant la rêverie s'étoile
De quelques lueurs d'espoir que caresse le temps

Un passant un refrain de l'été un murmure
Ce manant qui ne sait du chemin que l'azur
Celui-là insouciant de la vie qu'il détient
Il s'en va et sourit comme enfant au matin

ÉLIXIR

Et je porte l'exil comme un chat sa méfiance
Un jeu préliminaire
Une ombre de l'oubli aux portes du silence
Et de l'imaginaire

Démonter la pudeur ces anciens mécanismes
Toutes les peurs anciennes
Ensevelir les cris et tous les babélismes
Prendre la voix la sienne

Enfin pour vadrouiller au bord de la journée
Répliquer aux étoiles
S'il reste des étoiles dans le cœur étonné
Qu'un sourire dévoile

**

Je t'offre ce bouquet de rimes inutiles
L'oubli qui rôde à pas de hyènes et de chacal
Soufflant et reniflant mes souvenirs bancals
Et de tant de sourires l'empreinte volatile

Toi qui domptais la nuit les ombres versatiles
C'est toi qui me berçais dans les refrains d'un bal
Je t'offre ce bouquet de rimes inutiles
Car l'oubli rôde à pas de hyènes et de chacal

Et j'ai suivi tes pas dans les champs infertiles
Pour marcher sur les traces de Sisyphe ou Tantale
Mais tendrement l'écho de tes rires de cristal
Me parle de violettes et de parfum subtil
Je t'offre ce bouquet de larmes inutiles

TU VAS

Tu vas cherchant le bruit de chaque chose
Quand on parle de toi déjà tu prends la pose
Tu tapes dans tes mains tu frappes dans mon cœur
Et moi je suis l'enfant et c'est moi la candeur

Tu vas je découvre une autre saison
Tu lances à chaque instant tes cris dans la maison
Tes gestes tes regards océans de malice
Ta course vers le jeu dont je suis le complice

Tu vas embrassant tout mon horizon
Tu déposes de l'or au ciel de ma raison
Une étoile filante dans tes boucles blondes
Illumine encore le tour de tes joues rondes

Tu vas déjà tu refermes la porte
Derrière moi d'un rire et les mots que j'emporte
Sans savoir si mon rêve pourra s'en arranger
Dansent au revoir moi je suis déjà l'étranger

Tu vas et bientôt tu iras sans moi
Il n'y aura pas de passé entre toi et moi
Je n'aurai que ton rire tu n'auras que mon sang
Tu sais déjà que je ne serai qu'un passant

Plus tard plus tard je te dirai pourquoi
Ou je ne te dirai rien cela sert à quoi
Je t'ai serrée si fort qu'il m'en reste les larmes
Il est ancré en moi le pastel de ton charme

Personne ne viendra consoler mon âme
Les enfants des hommes sont les enfants des femmes
Tu vas

LA MÉMOIRE

Je t'écris d'un pays où plus rien ne se donne
Où la vie quelquefois s'aventure sans y croire
Où je vis désormais de chimères monotones
Où j'accroche mes nuits sur un mauvais grimoire

Je t'écris pour te dire que je me suis battu
Que cent fois j'espérais et j'ai perdu cent fois
Pour les loups sonne l'heure de la dernière battue
Et le regard mouillé je pense à autrefois

Hasardant sur les flots quelque lointain soleil

Écrire encore écrire pour n'être plus qu'ailleurs
Pour devenir le tain du miroir qui m'attire
Écrire encore pour apaiser le goût la peur
Que le temps m'a laissée depuis ce souvenir

Qui marche dans mes rêves avec mélancolie
Tous les fruits de l'hiver étonnés dans ses yeux
Telle une ombre imprécise s'étirant sur mon lit
Et qui pose les mains sur mon front déjà vieux

J'habite quelque part ailleurs comme un radeau
Amarré sous le ciel

Je t'écris pour te dire je n'ai rien à t'offrir
Qu'une poignée de mains un pardon un bonjour
Rien qu'un geste épanoui que tu pourras cueillir
Qu'une poignée de cœur en signe de retour

Qui saurait partager ce qui reste de foi ?
Les flammes d'un ancien feu brulent sous mes paupières
Elles tremblent pourtant encore au fond de moi
Les chansons qui s'éloignent sur des coteaux déserts

J'habite quelque part ailleurs comme un radeau
Amarré sous le ciel
D'un long hiver

Je t'écris pour te dire je n'ai rien à t'offrir
Qu'une poignée de mains un pardon un bonjour
Rien qu'un geste épanoui que tu pourras cueillir
Qu'une poignée de cœur éclairant ton parcours

L'IMPOSSIBLE

Les mains tendues vers l'impossible
Avec ces larmes qui me guettent
Le berceau d'une âme sensible

Les mains tendues vers l'impossible
Le point de départ ou la cible
Je porte la douleur muette

Les mains tendues vers l'impossible
Avec ces larmes qui me guettent

LES LOUPS

Le silence est l'alcool dont je suis insatiable
Jusqu'à la lie je bois dans sa coupe irisée
Les passions les éclats lui ont donné du style
Et son attrait me rend les larmes moins acides

D'où m'est venu le goût de vaincre sans convaincre
Sans combattre
Et d'où vient que les hommes refusent l'évidence
D'autres frissons parfois le rire et la démence

La journée terminée ils rentrent dans leurs cages
Dans quel espace dans quelle prison ?
Las de me battre et las de tous

Passant
Renifleur de mes chagrins !
Je veux revoir les loups là-bas
Là-bas les loups que j'aime dans ce monde là-bas
Les loups comme je les imagine comme je les vois
Qui tiennent entre leurs crocs un morceau de mon rêve

La gueule et le regard plus gris
Passant ! L'orgueil est une louve
Désespérée je crois plus gris que noir
Désemparée

Je souffre quelquefois que la passion soit muette
Mais lorsque je m'endors dans les draps du silence
Je partage avec lui la candeur et l'exil
Dans mon pays les mots valent leur pesant d'or

Et chaque verbe parle d'aimer
Et chaque verbe est un murmure

L'ABSENCE

À propos de ces rires dont j'ai parlé souvent
Et qui semblent prier pour éloigner l'ennui
Je les entends encore dans l'écho de mes nuits
Quand le passé se pose sur un sommeil tremblant
Dans le temple païen où la peur me conduit
Le pastel de mes rimes accroché à ses flancs
En ses cheveux des tresses de chagrins d'enfants
En ses regards les ombres d'un monde évanoui

Je reviens pour me pendre au poteau de l'amour
Quelques rides au revers de ma désespérance
Mêlant la fièvre la tendresse et la violence
Mais je reviens m'étendre en son lit de velours
La tristesse est un lieu où je me sais bercé
Par les flots qui jadis inondaient mes regards
Sans savoir quand mon cœur se penchait au hasard
Avant que ton sourire ne vienne s'y dresser

Dans l'espace où parfois incertain et volage
J'allais pour recueillir le rêve dans sa lie
Toi l'appel impatient âtre de mes folies
Tu pénètres soudain sur le ciel de ma page
Je n'ai d'autres désirs que celui de m'enfuir
Ou de me sentir libre ou de connaitre encore
Le parfum des retours à l'ombre de ton corps
Je voudrais qu'ici-bas tu aimes à me séduire

Et pas même un frisson ne vivra désormais
Tu es seule sur mes lèvres où plus rien ne se lit
Où la peur que tu lances a retenu mes cris
Quand j'ai vu devant moi que tu apparaissais

Tu chanteras cent fois l'opprobre de ma vie
Tu projettes sur moi tous les phares de l'oubli

L'OUBLI

Ce pays cet orgueil où tu faisais escale
Pour accrocher tes rêves à de nouveaux mensonges

Alors tu n'avais plus qu'à noyer ta mémoire
Un camaïeu gris dans le fond de tes yeux
La vie avait le charme d'une enfant de trois ans
Rien n'existe vraiment que ce cœur qui dérive
En un lieu de hasard
Et qui cherche un accord sur le clavier du rire

Regarde j'ai envie
D'amarrer dans le ciel ma vie à tout jamais
Regarde s'il est temps
Moi je cherche l'oubli

La science des hommes
L'âge de la terre
Le nom des fleurs
Le temps des fruits
J'ai oublié

À l'abri de vos lois nous sommes désunis
La vérité là-bas peut-être au fond d'un puits
Je n'ai rien à donner je ne demande rien
J'ai mille ans tu peux rire mon orgueil a vécu

L'accord des verbes
L'histoire des livres
L'endroit des choses
Le tableau du monde
J'ai oublié

Dessine-moi la vie

TERRE

Je m'appelle fleur
Je m'appelle arbre
Herbes feuilles branches couleurs
Odeurs

Tu t'appelles magie !

Je m'appelle saison
Je suis belle quand tu m'aimes
Je suis toujours la même

Comment t'appelles-tu ?

Je m'appelle fleur

Mais tu t'appelles aussi rêverie

Rêverie si tu veux patience
Si tu m'appelles je vis je viens

Je vis quand tu m'appelles je viens je m'appelle
Arbre fleurs ruisseaux rivières torrents collines
Branches ou feuilles sentiers boutons d'or ou coquelicots

Je m'appelle comme tu viens je suis nue
Je me nomme souffle
Et tu t'appelles amant

SABLIER

Un sablier devant les vagues qu'il me reste à rêver
Ô perles ! Souvenirs des plages où j'ai marché
Les pas que j'ai tracés déjà recouverts
Sous un drap tendre et amer

Au cœur figé d'un ciel trop blanc
Psyché inassouvie mon esprit a sombré
Ailleurs je ne sais où

Dans les confins tremblés de cette mélodie
Qui meuble le chaos incertain du silence
Tendue comme une traine inachevée
Qui me suit pas à pas

Au cœur lové d'un mirage lointain
Voilier perdu mon regard s'est noyé
Là-bas je ne sais où

Tissé de grains de sable
Fidèle à mes naufrages
Depuis ton souvenir
Loup d'autre passion
Loup comment lui dire

Demain si j'ose effacer les alarmes
Si elle apprend l'oubli

Entre Venise et le mois de juillet
Au nord d'un souvenir
Ailleurs ne m'oublie pas

Loup de colères muettes
Un geste un accent
Voyelles

Assis
Parmi les feux clignotants de notre course
Singer l'humanité

Enchaînés désenchantés inutiles

On m'attend quelque part

Assis
La mémoire coagulée
Leur droit leur pouvoir leurs idoles
N'être qu'un souvenir
Un oiseau migrateur
Au fond des yeux

On m'attend quelque part

Je m'habituais déjà
À me passer de moi

**

Nos rêves nous appartiennent
Comme des nuits inventées
Devant lesquelles nous mentons
En attendant quelqu'un

Nos rêves nous appartiennent
Comme des bouteilles pleines
Devant lesquelles nous mentons

Un verre à la main
En attendant quelqu'un

Pour nous servir nos rêves

DÉSARMÉ

Par les soirs désarmés que l'ennui a fouillés
Nos masques solitaires nourrissaient le silence
Souviens-toi nous vivions de refrains dépouillés
Quand s'épuisaient les mots le temps et l'insolence

Nos masques solitaires nourrissaient le silence
Nos nuits à l'abandon brulaient le désespoir
Où s'épuisaient les mots le temps et l'insolence
Où l'amertume décolorait les rires et les regards

Nos nuits à l'abandon brulaient le désespoir
Loin devant le passé l'horizon sans message
Et l'amertume décolorait les rires et les regards
Des vies agglutinées dans un hall de dressage

Loin devant le passé l'horizon sans message
Et nos verres se levaient comme un cantique obscur
Aux vies agglutinées dans un hall de dressage
Aux tendresses éphémères alignées contre un mur

Et nos verres se levaient comme un cantique obscur
Déchiffrant la pudeur d'une musique soule
Aux tendresses éphémères alignées contre un mur
Aux songes prisonniers que l'oppression refoule

Déchiffrant la pudeur d'une musique soule
Nous tressions des couronnes d'épines et de feu
Aux songes prisonniers que l'oppression refoule
Aux caresses que la mort introduit dans son jeu

Nous tressions des couronnes d'épines et de feu
À rien et à personne à la beauté offerte
Aux caresses que la mort introduit dans son jeu
Aux vaincus ignorés aux mains qui sont ouvertes

À rien et à personne à la beauté offerte
Aux passants de l'oubli qui n'oublieront jamais
Aux vaincus ignorés aux mains qui sont ouvertes
À d'autres vérités à celle qui nous aimait

Aux passants de l'oubli qui n'oublieront jamais
Au désordre incarné par la moisson du rêve
À d'autres vérités à celle qui nous aimait
Aux folies des serments que l'amitié relève

Ce désordre incarné par la moisson du rêve
Qu'il te porte les mots que chante ma veillée
La folie des serments que l'amitié relève
Par un soir désarmé que l'ennui a fouillé

**

La nuit va son déclin et je n'ai pas dormi
Silencieux je caresse au hasard les mots
Les rêves qui se balancent au creux de ma folie
Je vis l'instant les choses le silence et l'écho

Peu m'importe le poids du sommeil qui s'étire
J'attends ivre d'absence un appel mystérieux
Un geste aux alentours fiévreux d'un souvenir
Un cri de ce rebelle dont je connais les dieux

Peu m'importe sa mort qui me suit pas à pas
Peu m'importe la souffrance ou la détresse
J'attends ce vagabond qui ne reviendra pas
Mais qui s'arrête encore pour chanter la tendresse

J'AI LE CŒUR LOURD DE TON SILENCE

Le tableau noir de mon passé chante sans rime nos idées folles

Tu m'as laissé ce quotidien
Sur le radeau de la démence
Nous ne serons pas des Indiens
J'ai le cœur lourd de ton silence
Dans ma mémoire trainent encore
Les illusions de notre enfance
Le temps perdu les coups du sort
Et le parfum de nos romances

Dispersés les feux du matin
Où crépitaient nos cœurs de bois
Et nous n'aurons plus de festin
À partager sous le même toit
Le désespoir à fleur de peau
Prétendants à l'indifférence
On ignorait tous les drapeaux
J'ai le cœur lourd de ton silence

Comme une flamme qui s'éteint
Donne à la braise plus d'éclat
Elle brule sous notre destin
La force ancienne de nos joies
La vie a fardé tous nos rêves
Chacun sa peine son histoire
Qui pourra prendre la relève ?
Chacun sa course dérisoire

Mais dans mon âme tremblent encore
Les mensonges de l'adolescence
Les faux serments les coups du sort
J'ai le cœur lourd de ton silence

ENTRE LE MENSONGE ET L'OUBLI

Les pas feutrés les mots couverts
Qui protègent mon cœur sensible
Des promesses de l'impossible
Et des médailles et des revers

Ceux-là gardent le livre ouvert
Dans un sourire doux et tangible
Les pas feutrés les mots couverts
Qui protègent mon cœur sensible

Nus le regard entre deux vers
Venus pour caresser la cible
Le parfum de l'inaccessible
Le refrain d'un lointain trouvère
Les pas feutrés les mots couverts

Entre le mensonge et l'oubli
La mémoire n'a plus d'arguments
Elle vacille tristement
Douce et amère jusqu'à la lie

Et lorsque le jour a pâli
Cachons nos fièvres nos tourments
Entre le mensonge et l'oubli
Clandestins de nos sentiments

Je veux dormir dans le grand lit
Où l'amour chante tendrement
Et dans un désordre charmant
Entre le mensonge et l'oubli

JE PORTE

Je porte
Tous mes rêves à deux mains sur l'autel monotone
Quand la vie abandonne sa revanche au passé
Souviens-toi de l'automne de tes rires effacés
Souviens-toi les promesses et les serments de paille

D'hier le feu tendu qui dérive et se perd
Dans le silence amer d'un refrain dépassé
Souviens-toi les chimères de nos corps enlacés
À l'ombre des caresses et des serments de paille

Des enfants sont venus réchauffer les années
Cueillir au fil des mai la tendresse amassée
Au puits du verbe aimer sans jamais se lasser
Des mauvaises paresses et des serments de paille

L'amour est morte souviens-toi
Dans tes mains
Dans ta voix

J'avais des ports sur la comète
Ta vie ta chanson dérobée
Douce et révoltée

Dans tes yeux se perdront mes rivières salées
Tu dormiras dans mon ombre pure
Tu seras mon grain de beauté

Quand le soir se retourne
Il est des feux qui brulent au lointain
Libérant nos âmes nues

PARTIR

Partir
Plus loin que nos remords que les larmes versées
Que nous tremblent déjà des souvenirs glacés
Plus loin que les départs d'un navire incertain
Où vibrent les espoirs que fardent nos destins
Graver
Les larmes du passé les serments les prières
Les folies les secrets inutiles et sincères
Les réveils de tendresse décrocher de la pluie
La perle desséchée qui éclaire nos nuits
Bruler
Pour épuiser l'aurore jaillir dans le silence
Comme un torrent de feu d'écume et d'insolence
Porter nos mots nos cris nos voix devant l'oubli
Inventer la beauté s'endormir en son lit
Vieillir
Comme un arbre meurtri sous les doigts de l'hiver
Brulant de temps en temps un reste de chimères
Loin des mauvais refrains que lamente la rue
Où nos maigres pourquoi se sont souvent perdus

Perdu comme un enfant quand la mort se souvient
Et vous fait presque douce un signe de la main
Perdu comme un enfant quand la vie se souvient
Et qu'elle vous tend la main

Offrir dans nos regards dans nos cœurs laminés
Ce que personne jamais ne saura deviner

Partir et déchirer la peur à pleines dents
Ailleurs et solitaire se fondre dans le vent
Et puis ne plus trembler surtout ne plus trembler
Rêver et déchirer la peur à pleines dents
Rêver

TAILLEURS DE RÊVES

Je suis passé parlant
Quelqu'un est étendu
Et le rire découvert a perdu
Son élan

Marchands de fables
Le sable
Est dense
Les grands yeux du silence
Sous mes yeux regarde

Je suis passé dérivé
Rêvé
Quelqu'un monte la garde
Sur l'écume des mots
Je suis passé vagabondé
Tailleur de rêves

Désormais le temps qui manquera
Le sommeil différent
Tailleurs de rêves
Nous ne sommes que des ombres à midi
Assis parmi les pierres de notre devenir

Nous sommes tous des tailleurs de rêves
Nous sommes tous des ombres à midi
Assis parmi les pierres de notre souvenir

Lettres à l'enfance

QUAND LE SOIR

Quand le soir un chevalier trop fier
Se glisse dans les draps bleus du ciel
Et nuage d'étoile en étoile

Quand des songes brulant de tendresse
Éclatent
Et s'habillent dans tes yeux de couleurs insensées
De beauté

Doucement sans chagrin sans tristesse

Quand le soir à perte d'horizon remonte la marée
Sur le corps étendu d'une rose des sables
Dont tu effleures le visage l'or

Quand le soir ton imagination…

LETTRE À L'ENFANCE

Je me lève essoufflé le rêve à l'abandon
Tu chercheras ma loi dans la jungle des mots
C'est à peine si j'ose demander pardon
J'ai négligé ton rire tes saphirs tes émaux

Qu'ils reviennent les jours des fêtes éternelles
Que se lève la joie si souvent proclamée
Et que soit pur le fruit de la moisson nouvelle
Qu'ils reviennent bientôt je saurais les aimer

Et lorsque le passé reviendra se coucher
Près de mon lit enfin j'avalerai mes larmes
N'ayant plus un seul cri un seul verbe à cacher
Regarde-moi ! Tu m'as laissé sans arme

Si tu me revenais je voudrais que mon chant
Soit un peu le phénix soit comme une étincelle
Un ciel ivre de bleu tendu sur le couchant
J'aimerais que ma voix soit comme une aquarelle

Qu'il revienne le temps de nos mèches rebelles
Et que lève le grain si souvent réclamé
Qu'il soit tendre le fruit de la moisson nouvelle
Qu'il revienne bientôt et je saurais l'aimer

Elle brillera toujours dans mes yeux ta saison
Elle chantera toujours la candeur apatride
Et quand je reviendrai m'assoir en ta maison
Elle brillera quand même au milieu de mes rides

Et la terre tremblera des éclats de nos rires

TRACE

Enfant du nouveau jour
Cherche un cœur dans vos yeux

Tous mes rêves partent ensemble
J'attendais ton sourire
J'attendais ta candeur

Tous mes rêves partent ensemble
Je cherchais tes lèvres
Je cherchais ton corps

Tous mes rêves partent en cendre

Je ne suis que la lueur d'une flamme évanouie
J'ai mon foyer sur du papier
Solitaire qui pourra comprendre
Enfant du nouveau jour

Il n'est jamais l'heure de prier
Tous les paumés les mains tendues
Les livres jamais lus
Les relents de naufrage

La bohème accrochée au bar du départ
Allons fleurir l'ennui

Un bouquet de fleurs séchées
S'enracine sous la pluie

Il n'est jamais l'heure de prier
S'évanouir sans passion
Dans une valse amère
Sans laisser de trace

LA FOLIE

C'est un rêve d'enfant
Un matin qu'on appelle
La mémoire se défend
Mes regrets ont des ailes

Lilas blanc lilas mauves
Déités dans les feux
Où le silence expose
Ses lois devant mes yeux

C'est un chagrin d'enfant
Tremblant sous mes paupières
Sans partage méfiant
Un peu tendre un peu fier

Les inconnus placides
Les regards sans pudeur
Ô sanglots acides
Qui dévastent mon cœur !

J'ai peur je suis vivant
Marchant près du Léthé
Et la folie devant
M'attend qui va chanter

L'ESPÉRANCE

Et tu la regardais comme on accueille l'oubli
Qui s'installe à jamais dans le feu d'une image
D'un refrain d'un visage marqué jusqu'à la lie
Par l'empreinte qui nait sur un nouveau rivage

Elle grandissait parfois à l'abri d'un regard
La mélodie étrange que recherchaient tes mains
Comme un accord bercé sur le clavier du temps

Et tu la découvrais comme un destin sans faille
Où la mort et l'oubli n'ont jamais de regrets
Comme le sourire d'un dieu avant qu'il ne s'en aille
Emportant avec lui le doute et le secret

Elle frissonnait aussi sous le vent de ta plume
Quand tu suivais le soir aux côtés de l'absence
Les chemins solitaires d'un désespoir glacé

Et tu la protégeais émerveillé encore
De la colère du temps de la folie de tous
Toi l'enfant qui fuyait quand paraissait l'aurore
Toi l'enfance dont la pudeur m'était si douce

Ouvrant dans le silence la porte à tes chimères
Sans trahir le passé sans mentir à demain
Elle t'a gardé pourtant une part de tendresse

L'espérance

Reviens je t'apprendrai tous les mots de l'absence
Mais reviens simplement pour meubler mon silence

MÉTIS

Tu cherches un toit où naitre
Pendant qu'ils comptent leurs ancêtres
En ribambelle

Il n'y a pas une pierre qui t'appartienne
Il n'y a rien à partager sur terre
À part un peu de patience

Mais souviens-toi de ton enfance
Tu cherches un toit
Un endroit pour n'être
Qu'en dehors de ces regards
Ailleurs que dans l'intolérance

J'ATTENDS TOUJOURS

J'attends toujours

Ouvrez les portes
Ou ne les ouvrez pas
La ville est morte
Où nous avons vécu sur les flancs de l'amour
Je peux compter mes pas

Un deux trois
Inlassablement
Valse lente
Un deux trois

Écueil maussade sur la grève du temps
Plus épais le silence

J'attends toujours j'attends
Mais il n'y a qu'un seul tour de manège

Ouvrez les portes
Ou ne les ouvrez pas

Qu'est-ce que cela peut bien me faire
La ville est morte

Que le vent les emporte
Qu'il n'y ait plus de trace
Qu'on les noie qu'on les chasse
Qu'on referme les portes

Qu'on fasse le silence
Sur mes chagrins d'enfance

LES MAMANS

Elles sont là auprès de nous
Avec leur sourire de côté
C'est qu'elles portent sur les joues
Les lignes d'or de la fierté

Qu'elles gardent au fond des yeux le temps
L'écho de nos lacets défaits
Et sur les tempes les fils d'argent
Des premiers boutons arrachés

Elles sont là bien près de nous
Elles ont des mots pour nos alarmes
Des mots tendres et puis des mots doux
Et pour nos fièvres elles ont des larmes

C'est le coton de leurs caresses
Qui tisse tout notre bagage
Elles ont négligé leur jeunesse
Un jour pour qu'on soit du voyage

Elles sont là trop près de nous
À l'âge où l'orgueil s'étend
Quand les enfants deviennent loups
Qu'ils se croient loup pour quelque temps

Quand les enfants ne savent plus
Qu'elles ont bercé contre leur corps
Les chagrins clairs du temps perdu
Aimé si fort qu'elles tremblent encore

Elles savent déjà qu'ils reviendront
Après les jeux après l'ennui
Qu'ils seront toujours des garçons
Qu'ils ont parfois peur de la nuit
Alors un baiser sur le front

Dont on conservera le gout
On ne sait pas où elles s'en vont
Quand elles s'en vont trop loin de nous

Les mamans douces
Qu'on gardera au fond de nous
Avec leur sourire de côté
Car elles portent sur les joues
Les lignes d'or de la beauté

Les mamans douces
Qu'on aime en douce

**

Il me souvient qu'au soir hier dans la forêt
Hier un loup pleurait et pleure en moi encore
C'était une louve
Et j'étais son enfant

**

Du plus loin que me revienne l'écho des nuits sans fin
Ton souvenir m'appartient tel un curieux défi
Je suis ton reflet fardé colifichet
C'est dans l'ombre que tu me protèges
Et que tu m'emprisonnes
Enfant sans cri vivant sans bruit
Désaccordé déshabillé d'ennui
En équilibre sur un mot
Un mot d'amour un mot d'adieu
Un mot fragile et sans histoire
Au fond du cœur au bord des lèvres
Un éclat de silence

L'ENFANT QUI DORT

À l'enfant qui dort dans nos souvenirs
Messager abrité
À l'enfant curieux à la lisière bleue
De l'inquiétude
À l'enfant étonné de nos retards
Sur le lit défait de la mémoire

À l'enfant qui dort
Bercé
L'enfant au sommeil d'or

J'aurai toujours ton corps de lait
Entre mes bras
J'aurai toujours entre mes mains
Le gout paisible du bonheur

Dans la patine de mes rides
J'avais déjà inscrit ton nom

Je ne cherchais pas comme Jason
La toison d'or
Je ne cherchais pas comme Arthur
Un drôle de Graal
J'attendais seulement ta venue
Pour te raconter des légendes

Pour te donner une part de rêves
Pour te faire rire
J'aurai toujours ton corps de lait
Entre mes bras
Car depuis toujours j'attendais
Cet instant-là

BERCEUSE

Or c'était la nuit
Et dans la ville les lumières du soir
S'éteignaient

C'était la nuit
Les enfants sages et les enfants moins sages
S'endormaient

C'était la nuit
Et dans ses rêves un petit garçon
Voyageait

Sur un nuage sur une étoile

Qui lui parlait

Il vole
Plus vite qu'un avion
Plus vite que le vent

Au rythme des saisons
Il est toujours devant
Caressant le présent
D'un merveilleux frisson

Dans le cœur des enfants
Partout où nous passons
Il fait battre le cœur
Il fait tendre les mains

Et son sourire charmant
Nous conduit vers demain

LA PETITE ÉCOLE

Des souvenirs assis
Sur des pupitres ternes
Couverts de feuilles jaunies
Et de millions de cernes

Et la petite histoire
De nos grandes passions
De la première gloire
De nos récréations

La cloche qui se rouille
Qui n'est plus qu'un frisson
À nos yeux qui se mouillent
D'une récitation

De vieux cahiers du jour
Des bancs sous le préau
Des chênes dans la cour
L'enfance est en lambeaux

LE SABLIER

Je viendrai chaque soir tourner le sablier

Je dompterai pour toi les animaux sauvages
Sagement alignés pour t'écouter sans bruit
Les dauphins resteront souriants près du rivage
Du palais de ton lit de l'océan des nuits

Et puis si tu as peur si parfois tu te perds
Prends ce carnet d'adresses avec mon nom dedans
À côté de celui du dragon aux yeux verts
À côté de celui de la souris à dents

Nous irons voir l'Égypte nous irons voir Paris
Parfois je volerai un de tes baisers doux
Nous irons dans les arbres d'où l'on voit la prairie
Et je t'appellerai Princesse… Ou roudoudou

PETITE SŒUR

Le cœur si propre les cheveux roux
De longues boucles un tablier blanc
Un air sérieux de belles joues
Des lunettes et des mots d'enfant

Souvent je l'imagine dans sa robe écolière
Comme le vent dessine dans les bras de la mer
D'absolues chimères

Quand la tendresse glisse dans un sourire tremblé
Petite sœur fragile si des larmes coulaient
Dans le chiffon docile d'une poupée complice

Il te fallait bercer aux échos de la nuit
Ce cœur embarrassé de sanglots ou d'ennui

Quand survient la détresse et son regard voilé
Petite fée lointaine si tes mains se pressaient
Sur les cheveux de laine d'une poupée sans tresse

Et l'alphabet naissait devant tes yeux humides
Sur les pages limpides d'un classeur du passé
Et les mains crispées sur tes premiers livres
Et mon cœur serré qui la fait revivre
Comment la retrouver petite sœur des blés
Que j'avais su rêver et qui te ressemblait

Souvent je l'imagine
Dans ta robe écolière

UN ENFANT SANS CRI

Un à un petit à petit
Mes amours de l'aube sont partis
Loin du nid

Il n'y a plus d'enfants dans la maison
Il n'y a plus de rires il n'y a plus de saisons
De combats sans raison

Il n'y a plus de cris de joies à fendre l'âme
Ni promesse ni drame
Parfois je n'ai plus rien dans mes bras que la terre
Même plus de mystères

Il n'y a plus d'enfants dans la maison
Plus de fierté un sentiment de galérien
Je n'ai plus peur de rien

Je ne sais plus quoi faire et je n'ai jamais su
J'ai si souvent perdu

J'ai vécu près de vous
Merveilleux rendez-vous

Tu fais ce que tu peux
Que peut-on faire de mieux
Pour réchauffer un cœur à l'abandon

Un à un petit à petit
Loin du nid les gamins sont partis

Et je suis
Comme un enfant sans cri

POIVRE

À l'école des garçons tristounette à part son
Souvenir de déroute j'ai traversé le doute
J'étais trop petit pour il n'y a homme qui pour-
Rait demander pardon

À l'école qui s'y colle s'y pique et farandole
J'y retourne si je m'en sors discrètement
Je mélange les pinceaux je n'ai pas honte au tableau
D'effacer la leçon

À l'école du peu je petit peux si peu
À l'école du faux il faut j'ai fait tout faux
Il faut si peu s'en faut

Si sa faux me menace dans un fauteuil de passe-
Passe un temps séculier un verbe irrégulier
Qui se fendra la poire à l'école des espoirs
Si je tombe en fait tard

C'est la vie si volaille faudrait que la mare m'aille
Je suis polichinelle un vieux conditionnel
Assis sur son perchoir va-t-il me laisser choir
Sans ailes et sans poivre

À l'école du roi je dois tu dois dix doigts
Dis combien te doit-on tes neufs et miroton
Dans la rue je cours rat sans raison d'apparat
Si tu me souriras

À l'école des tenues un correcteur tout nu
Pousse les cris à l'oral tant pis si les mots râlent
Le verbe aimer se fait la belle à l'imparfait
Je t'embrasse dans la rue
Je le poivre et le doivre

Nuits

CREDO

À la main qui tremblait quand les poings se levaient
Au sel de l'amitié dont le monde a manqué
À la nuit dans ma nuit qui était mon amie

Au regard qui connait le désespoir du vent
Au sourire qui le prend quand le vent lui sourit
À la nuit dans ma nuit qui devient mon amie

Au cœur de celui qui refusera les armes
Aux gestes tendrement que l'histoire oubliera
À la nuit dans ma nuit qui sera mon amie

À la nuit dans ma nuit qui deviendra le jour

Je crois

LOIN

Loin l'hiver venu d'aussi loin qu'il m'en souvienne
Feutré d'ennui drapé de veille et de silence
Écorce de fruit trop mûr l'hiver se balance
Dans cette mare où trempent tes mains les miennes

Loin des gestes
Loin du bruit
Où ne reste
Que la nuit

La vie est sans mensonge elle est sans message
Loin l'hiver venu de plus loin qu'il m'en souvienne
Le froid d'ici docile et fier nos voix les siennes
Claquent les portes les frissons sur nos passages

Frôle nos reins griffe les regards les paroles
Son souffle de vieillard égaré sur nos mains
La branche détachée d'hier au lendemain
À l'instant délaissé le rire qui s'affole

Loin des gestes
Loin du bruit
Où ne reste
Que la nuit

N'écouter que son cœur et rêver voilà tout
Vivre à d'autres regards à d'autres mains tendues
À d'autres solitudes à des fruits défendus
Vivre loin des colliers qui brillent à vos cous

Loin des gestes
Loin du bruit
Où ne reste
Que la nuit

CHANDELLE

Tu la connais tendresse
Qui vous brise la voix
Qui vous brule les doigts
Sous le blues d'une promesse

Au feu d'une chandelle
En regardant couler la foule de l'ennui

Tu la connais prêtresse
De soleils dans un lit
Et serments qui se lient
Sur la peau d'une caresse

Au feu d'une chandelle
En regardant mourir les larmes de minuit

Sur des vagues pressantes
Sur des ombres sensuelles
Où ta peau se révèle
À la flamme naissante

Au feu d'une chandelle
En regardant danser les valses de la nuit

Dévoilant ton visage
Un reste de pudeur
Exilé de nos cœurs
Qu'une étoile partage

Au feu d'une chandelle
Je regarde s'ouvrir les lèvres de la nuit

LES VIEUX GAMINS

Au loin la nuit ces enfants qui lui font des signes
Les chiens des loups peut-être
Quelques poètes une chanson triste
Ou les passants à l'âme rêche
De loin la nuit anarchiste à ses heures

Une chambre feutrée aux livres épars
Un violon maigre et par mégarde un saxo bleu

À ceux qui parlent à ceux qui rêvent
À ceux qui naissent à ceux qui prient

De loin la nuit
On pourrait croire mais le cœur manque
La solitude au creux de l'estomac
Et la peur mal dans sa fièvre

De loin la nuit
Les pavés moqueurs de la ville

Et les hommes repus pourront servir encore

Au loin les dieux
Vengeurs jaloux sectaires violents

De loin la nuit et ses enfants qui lui font signe
Les amants d'autre part
N'ont pas de chaines à leurs prières

De loin la nuit
Et les enfants qui vivent entre les lignes
De leur nuit

BANLIEUE

Toi cité dortoir dort
Tu attends ventre chaud
Tu prends ton temps

L'horloge gorge pressée

Et l'homme s'endort
Tous les bruits de la ville descendus sur l'épaule

Il dort à la croisée des songes
Il sait qu'il va mourir il dort

Il porte ses rêves à deux mains
Sur l'autel du présent

Fragile

Le corps désorienté
Le cœur battant

L'horloge gorge pressée
Le cœur serré

LA NUIT S'ENNUIE

Déjà
C'est l'hiver qui raboule
Avec du givre sur la goule
À l'intérieur

La nuit qui se ramène
Avec son air des peurs anciennes
Avec son teint de rires défaits

Quand elle n'a pas dormi de la nuit
Avec son air des mauvais jours
La nuit s'ennuie

Elle rêve de dentelles
D'un lit de soie d'une vie d'écume

Préviens-moi si le monde chavire
Et qu'il emporte mes navires
Où même pire

Je veux danser dans tes gestes
Ôter la veste aux faux tourments
Tourner la page entre tes mains

Le temps qui passe passe sur nous
Comme un discours à l'imparfait
La nuit s'ennuie

Elle rêve de dentelles
D'un lit de soie d'une vie d'écume

Elle venait du nord ou d'un port
Avec des rires tirés au sort
Jusqu'à la mort

Des jamais de troubadours
Des toujours de fêtes foraines

Elle mentait comme on offre à boire
Pour arrêter la nuit sur un comptoir
Avant que la mort nous pardonne
La nuit s'ennuie

Elle rêve de dentelles
D'un lit de soie d'une vie d'écume

Avec des guirlandes de promesses
Empruntées au bonheur-du-jour
Épaules frôlées
Et poignées de mains délavées
À cet instant où je dérive
Je n'attends l'heure d'aucun jugement

J'entends déjà les oiseaux moqueurs
Me demander pourquoi je mens

**

À l'idée que la nuit emportera ma voix
Mes rêves et mes errances
Abolira le cœur et le bruit de ma vie
Sur l'écume du temps

À l'idée que d'hier il restera l'absence
Le goût un peu amer de mes sommeils défaits

Dans la nuit qui s'éteint comme un rêve païen
Je cherche en l'amitié cette fibre nouvelle
Qui tisserait ma vie de mémoire indocile

SAXO

La nuit n'est plus
Qu'un cœur tendu
De fièvres

La vie n'est plus
Qu'un rire clair
Qu'un mouvement de lèvres

Attends mon rêve attends
Je sais des chants d'oiseaux
Sur l'océan
Des mèches brunes
Le poids du vent sur les roseaux

Et je sais le silence
Tendre de ses refrains

La nuit n'est plus
Qu'un long tissu
De plaintes

Le temps n'est plus
Qu'un lit défait
Qu'une lumière éteinte

Attends mon rêve attends

Je veux ce tendre aveu
Ces gestes lents ces jupes longues
Ces regards chats ces ombres bleus

Et je veux le silence
Sur hier et demain

La nuit n'est rien
Qu'une fenêtre
Ouverte

Son corps n'est rien
Qu'un soleil nu
Qu'une pudeur offerte

Attends mon rêve attends

Je sens derrière ses yeux
Bruler le reflet d'une larme
Tout l'or du ciel dans ses cheveux

Et je sens le silence
Raconte-moi la nuit

La nuit c'est une femme

C'est un air de jazz

BLUES

La nuit jonchée de larmes
Et d'inutiles flammes
Parcoure ses fantasmes
D'un regard

Et se meurt sans bruit l'enfance
Sous la dernière violence
Du temps qui s'avance
Au hasard

Et se tressent les plaintes lasses
Que la solitude trace
Que l'ennui enlace
Tout à tour

Et se perdent les murmures
De ma blessure
Au loin contre les murs
Sans amours

Et se dressent les sanglots
L'écume noire les flots
Incertains lambeaux
De la mort

La nuit pesante d'ivresse
Où les frissons renaissent
Où s'égare la tendresse
Qui s'endort

Où s'étoile la pénombre
Aux perles sans nombre
Regards de l'ombre
Et d'un cœur

Où quelques chimères passent
Recherchant sous la glace
D'autres lieux d'autres places
Ailleurs

Inoubliable douleur
D'un matin de chaleur
Qui renie ses couleurs
Lentement

Sans rancœur sans destin le fard
De la solitude un bar
Qui s'éteint quelque part
Sous le vent

La nuit jonchée de larmes
Et d'incertaines flammes
Déploie ses lames
De brouillard

Et m'entraine en ses moires
Exhalant ma mémoire
Au seuil d'un grimoire
Bavard

VENISE

Sur les musiques lentes
Qui bercent quelquefois
Les enfants de novembre sur le grand canal

Tu inventes des couleurs
Rêvés pour les amants
Et les amants qui passent
Tôt ou tard
Cherchent un refuge entre tes bras mouillés

Comme un sourire
De tous les jours et de toutes les nuits

Sous le tissu des apparences
Les palais de lumière
L'or des marchands
Les prières de parade
Les voyages éphémères sous les masques du bal

Comme un écho
De tous les jours et de toutes les nuits

Sous les ponts sans soupir
Tu balances

Chaque jour et chaque nuit
Les enfants de novembre sur le grand canal

LA RENCONTRE

Sur un sentier de nuit épaisse
Je suivais l'ombre où tout s'enfuit
Elle m'éclaira d'un petit cri
Aux environs d'une promesse

Elle cachait seule une infortune
Près d'un ruisseau un peu désert
En versant ses larmes amères
Sous un maigre croissant de lune

J'ai traversé le pont de la nuit au frisson
D'une passante au chagrin qui brille
J'ai traversé le pont de la nuit au frisson
D'un rôdeur qui vacille un brin

J'ai inventé pour la séduire
Un banc pour deux âmes isolées
Je cherche un rêve à consoler
Avant que l'amour se retire

J'ai vécu son premier sourire
Premier baiser au clair de nous
Un peu tremblé et je l'avoue
Je tremble encore au souvenir

Elle a posé sans m'éconduire
Ses beaux atours contre mon cœur
Entre mes bras durant des heures
Vous en dire plus serait médire

Et tous les jours qui me poursuivent
Ne sauront pas la retrouver
Je continue à dériver
Jusqu'à ce que l'oubli s'ensuive

Troubadours

À UN POÈTE

Tu écriras ton livre
Par un soir ou la lune
S'étendra sur ta plume
Pour te parler du vent
Tu fermeras les yeux
Et tu voyageras
Vers un coteau désert
Sur un cheval de bois

Porter trois roses bleues
Sur le lit de sa mort
À l'enfance oubliée
Endormie dans ton corps
Quant au cœur de l'ennui
Aux quatre coins du rêve
Tu planteras les arbres
Qui porteront ta sève

Ton espoir solitaire
Qui porteront les fruits
La dimension nouvelle
Que tes songes auront pris
Tu écriras ton livre
Et tu t'endormiras

Quand tu auras séché tes larmes

VAGABONDS

J'ai croisé des hiboux
Hier au bord de l'eau
Du lac regardant sans bruit
L'émeraude engourdie
Le vent courbe les poitrines
Et les hommes de paille
S'ensommeillent

Aux diables les robots
Les momies qui projettent
Que leur traintrain de vie
T'attire sur ses rails
J'ai croisé des amis
Des compagnons de veille
Les oiseaux s'envoleront
Tour à tour
Les oiseaux du paradis
Et mes peines

Et dans les discrets tableaux
Où les chants s'aventurent
Berçant des souvenirs
À la traine
Et des refrains sans chaines
Sur la berge endormie
Mon secret éphémère
Au ciel les portes du soleil
Sur terre vagabonds célestes ils veillent
Les perdants magnifiques de l'envol
Sans banquet ni royaume
Ni vermeil

Les ombres délicates
Que rien n'abime jusqu'au sommeil

ON VOUDRAIT

On voudrait de la musique dans la rue
Du théâtre et des rires la poésie
Et la beauté si la beauté c'est regarder
On voudrait voir le ciel danser

On voudrait qu'un oiseau chante
Sans rien comprendre à son chant
Et qu'il monte des parfums italiens
On voudrait voir la vie bercer

On voudrait que les gens qu'on aime
Soit ici ou loin mais vivants
Et que les enfants soient heureux
On voudrait voir la mer devant

On voudrait courir sans raison
Sur un tapis d'herbes folles
Avec des rires sans paroles
On voudrait tous les feux de joie

On voudrait des lunes blanches
De toutes les couleurs
Et des cœurs d'attache
On voudrait voir les cœurs à cœurs

On voudrait des coquelicots
Accroche-rêves des saisons
Des lumières à confondre
On voudrait des maisons dehors

On veut des dessins sur les murs
Des chansons dans la rue
Et des contes porte-cœurs

BLUE MOON

Tu veux chasser les nuages
Avant la fin du voyage
Tu finiras par y croire
Tu finiras par y croire

Once in a blue moon

Je n'ai rien à raconter
Tout juste un conte inventé
Pour parcourir le chemin
Pour parcourir le chemin

Once in a blue moon

Tu cherches un sens à la vie
Tu cherches une rime à l'envie
La vie a toujours raison
La vie a toujours raison

Once in a blue moon

Tu veux chasser les nuages
Avant la fin du voyage
Regarde la lune est bleue
Regarde la lune est bleue

Blue moon
Once in a blue moon

CLOWN EN LA MINEUR

Bien sûr j'ai déserté
Les cris les garde-à-vous
J'en suis de moi à vous
Un peu déconcerté

Toujours au rendez-vous
D'un rire en La mineur
D'un poète flâneur
C'est navrant je l'avoue

C'est navrant je l'avoue
Mais des choses futiles
J'aime toujours le gout

Si affligeant soit-il

LUNE BLEUE

Devant la lune bleue
J'ai tellement rêvé
Je ne sais plus si j'ai rêvé
Devant la lune bleue

La lune vagabonde
Entre chien et loup lance
Au crépuscule de Provence
Ces ombres bleues et blondes

Devant la lune bleue
J'ai tellement rêvé

Elle danse sous mes yeux
Elle dessine aux bergères
Une courbe belle et légère
De reflets mystérieux

Ma chanson s'endormait
Douce mélancolie
Mais d'où viens-tu où est ton nid ?
Je ne saurais jamais

Devant la lune bleue
J'ai tellement rêvé

Moi j'aimais la bergère
De la treizième lune
J'attendais le soir à la brune
Car j'aimais la bergère

Je ne sais plus si j'ai rêvé
Devant la lune bleue

LE CERVEAU

Je possède un cerveau
Pas très grand bien sûr
Mais confortable
On peut
Dormir dedans

Ils ne mettront pas le feu
Dans mon cerveau réfractaire
Ils ne mettront pas l'enfer

À moins qu'un sauveur armé jusqu'au sang
Brandisse son poing cardinal

Je possède un cœur
Pas très grand bien sûr
Mais confortable
On peut
Chanter dedans

Ils ne mettront pas la boue
Dans mon cœur sans colère
Ils ne mettront pas l'enfer

À moins qu'un sauveur armé jusqu'au sang
Brandisse son poing cardinal

De l'espoir à la haine
Il n'y a qu'un pas cadencé

De la haine à l'amour
Il n'y a qu'un pas à danser

LES IDÉES EN VRAC

Voilà j'ai décidé
De ranger mes idées
Je les mets dans un sac
En forme de chapeau claque
Qu'est-ce que je fais ?

Des idées de ballots
Cousues au fil de l'eau
Des idées comme des flaques
Qui se prennent pour des lacs
Des idées j'en ai trop

Des idées de gamins
Des bonbons plein les mains
Des idées patraques
Penchées dans un hamac
Des idées j'en ai plein

Des idées perdues
Des maigres des tordues
Belles comme une arnaque
Qui vous bercent et vous plaquent
Des idées j'en ai vu

Des idées tempêtes
Pour sauver la planète
Quand elles vident leur sac
Pour casser la baraque
Avec une allumette

Des idées toutes faites
Fleuries comme des défaites
Qu'est-ce que je fais ?
           Des idées en vrac

TROUBADOURS

Je m'ennuyais un peu suis allé faire un tour
Sur les rives d'antan parmi les troubadours

Saltimbanque ou baladin
Que tes refrains nous entrainent
De la cour jusqu'au jardin
De la joie jusqu'à la peine
Chante encore

Arlequin polichinelle
Lance-nous les mots tous crus
Des légendes éternelles
À la scène ou dans la rue
Parle encore

Magicien de la patine
Dans la pierre ou dans le bois
Trace la courbe féline
Qui caresse nos émois
Sculpte encore

À la vie et à l'amour
Mon ami le troubadour

Croquenote musicien
Sur les cordes enchanteresses
Sur le clavier magicien
De nos joies de nos tendresses
Joue encore

À la vie et à l'amour
Mon ami le troubadour

Ô miroir j'ai fait un vœu
Être un peu de ces artistes
Pour l'amour que chacun d'eux
Jusqu'au dernier tour de piste
Donne encore

**

Ce sont des clowns
De bonne composition
Des clowns d'alerte
Chantant des chansons désarmées
Parfois désabusés
Du blues
Sur les guitares des derniers de la classe

Ce sont des clowns
Qui te font danser
Rire et aimer tes rires
Des porteurs d'eau
De vie
La dernière ligne avant l'enfer promis

Tu les connais
Tu le connais

Lui c'est un artiste
Un charmeur qui doute
Qui suis sa piste
Bien loin de l'autoroute

À la vie et à l'amour
Mon ami le troubadour
Compagnon de tous mes jours

BOHÉMIENS

Ô nuit sacrée te souviens-tu
Ces joies ces rires et ces présents
Le lendemain de leur venue
Quand s'apaisaient tous les tourments

Songes d'un jour pauvres manants
Ils sont passés comme un éclair
Souffle le vent sur leur printemps
Ils vont poursuivre leurs chimères

Ô nuit sacrée tu les aimais
Ces vagabonds sans lendemain
Qui ont trahi leurs destinées
Pour un amour pour un chagrin

Moi je te sais gémir au loin
Quand de leurs pas vibre l'absence
Et dans leurs yeux jusqu'au matin
Ce regard fier de l'espérance

J'irai comme eux au vent grisant
Sur des chemins couverts de brume
Embrun sauvage et haletant
De quelques larmes d'amertume

CARAVANE

Maraude royaume éphémère
Cueillant les fruits de la chimère
Et la rose du petit prince
Ô ma candeur n'était pas mince !

Où sont allés les baladins ?
L'eau vive de notre jardin
Si loin déjà de nos tendresses
Chante l'écho de la jeunesse

Si les enfants s'en vont devant
Nous autres suivons en rêvant
Rires et joies remparts de sables
Amours secrets parfums de fables

Comme un manant sur les sentiers
Ne voit que l'azur de l'été
Je cherche encore une princesse
Un rire un mensonge une promesse

C'est la romance d'un trouvère
Qui m'aide à traverser l'hiver
Sur la complainte où s'étiolent
Les accords perdus d'une viole

Où sont allées les caravanes ?
Dans quel désert dans quelle savane ?
Prairies où pousse l'ancolie
Je vous dois ma mélancolie

Romance

JE T'APPORTE

Quelques rêves un passé sans tain
Le temps vaincu des jours sans fin
Un monceau de chimères pour rien
Les jeux d'un fou les yeux d'un chien
Mes larmes lasses entre les mains
Ma tendresse et mon cœur pour écrin
Le silence ses cahiers pleins
De ton absence et de refrains
Les plages d'un pays lointain
Les fleurs qui pousseront demain
Trois pas pour tracer le chemin

Qui mène jusqu'à nous

AURORE

Aurore
Le jour
Nos corps à corps
Encore

Bonjour
Carmin
Deux mains nos mains

Le lourd
Matin mutin
Satin

Plus lourd
Tes hanches si blanches
Qui penchent

Trop court
Délice
Supplice calice

Parcours
Ténus chenus
Et nus

Elle sourd
La sève
Le rêve se lève

Et sourd
Le cri
Tu pries tu ris

Autour
Le lin câlin
Malin

Retour
Tendresses Caresses
Ivresse

Faux jour
Essaim qui ceint
Tes seins

Contours
Emprunt
Étreint tes reins

Le cœur à cœur
Moqueur
Humour
Peu sage Corsage

                Message D'amour

CE PARFUM

La nuit entière et sombre pèse sur mon cœur
Où vient comme un ruisseau sourdre la nostalgie
Je vivais sans nouvelle avec ce chien battu
Ma vie avec les hommes longtemps s'est débattue

La nuit entière et sombre pèse sur mon cœur
Où vient comme un ruisseau sourdre la nostalgie
Partout les cons leurs dieux leurs maitres leurs tyrans
Plus je leur ressemblais plus j'étais différent

Désormais ce parfum cette fièvre à nouveau
Et ma vie revenait de plus loin que la vie
Et j'oublie d'être fier et j'oublie que j'ai peur
Désormais ce parfum à nouveau le bonheur

Désormais ce parfum cette fièvre à nouveau
Et ma vie revenait de plus loin que la vie
Comme un cri imprécis comme un repos fragile
Comme un appel vécu dans un regard fébrile

C'est la chair des enfants dont la fraicheur s'exhale
Ton sourire qui descend tel un pigeon blessé

REQUIEM

Pour les rimes tendues qui harcèlent mes nuits
Pour les mots étendus sur la feuille noircie
Pour les voix que je cherche lorsque mes songes fuient
Au cœur de l'encre sèche de l'absence à l'ennui

Pour la plume voguant au large d'un pourquoi
Pour l'opprobre venant épanouir mon émoi
Pour la feuille trop claire où j'ai laissé mon cœur
Et puis quelques chimères et puis quelques douleurs

Pour mon cœur asservi à ton prochain regard
Pour l'amour qui se plie à l'heure de ton départ
Pour la page trop blanche où j'ai posé mon âme
Où le temps se détache au travers de mes larmes

Pour tes lèvres pour leur goût sur mes lèvres
Pour tes rêves pour leurs voix dans mes rêves
Pour tes mains pour leur poids dans mes mains

Pour tes yeux pour leur feu dans mes yeux
Pour tes rires pour leur chant dans mes rires
Pour ton cœur pour sa vie dans mon cœur

Je t'attends

CET UNIVERS

Cet univers planté dans un théâtre ancien
Tressé d'un chanvre amer qui filtre sous mes doigts
Le chant d'une aquarelle amarré dans le cœur
Et dans l'espace j'entends l'écho du mot partir

Cet univers je crois éclaboussé de rire
Autant que de dépit de larmes et de dégout
Passions frissons chansons couleur chaleur chansons
Chansons battre mon cœur qui bat frappe frappe

Cet univers pavé cathédrale de rien
Je glisse dans l'espace d'une scène déserte
Où la fumée s'étend comme un geste tremblant
Comme un geste tremblé sur le clavier du songe

Cet univers glacé où le temps lâche prise
Les fauves sont lâchés tu sais la liberté
Quand elle s'installe elle a mille ans
Elle vient de naitre au nord du dernier quai

Cet univers tu leur diras que je murmure encore
Que je sens sur mon corps un alcool interdit
Ni la gloire du vainqueur je ne sais pas combattre
Ni l'orgueil du vaincu à genoux sur son sang

À genoux sur ton rêve et devant les vivants
À genoux et malade à se tromper de fièvre
À genoux implorant et la nuit pour prêtresse
À genoux dans les rangs où se noient les passants

Et qu'importent les chiens les regards du présent
À genoux pour pleurer en écartant les bras
Le désespoir au poing comme un relent nouveau
Qu'importe que les chiens soient ou non mes amis

Ils me regardent encore en détournant les yeux
Et s'ils jettent sur moi la fureur de leurs lois
C'est en restant bourgeois pour cacher leur colère
Mon soleil il est là je sais je l'ai volé

J'ai volé cet instant
Où tu venais vers moi

CE N'EST PAS UN POÈME

Ce n'est pas un poème c'est une âme qui bat
C'est d'un parfum discret le souvenir qui passe
Comme un ombre éphémère qui me suit pas à pas
Quand ses vapeurs légères se lovent dans l'espace

Ce n'est pas un poème c'est ce que l'on regarde
Et que l'on ne voit pas c'est ce que l'on devine
C'est porter sur ses lèvres un sourire qui s'attarde
C'est la fleur et le fruit c'est la chanson divine

Ce n'est pas un poème c'est la rumeur trop brève
Ma voix et dans ma voix un tremblement de cœur
Mes mains qui s'abandonnent sur l'archet du rêve
Le verbe qui détient l'accent de la pudeur

Ce n'est pas un poème c'est d'un miroir le tain
Tout au fond de tes yeux c'est vivre une seconde
Et retenir l'instant à trois heures ce matin
Une larme à la main je vais refaire le monde

TARD

Tu passes et je m'étends sur un tapis tressé de bleu
Tu passes et je m'étends sur un présent trop clair
Quand le soleil me laisse un morceau de sa chair

La nuit se lève quand elle se dresse j'ai chaud
Au revers de ma fièvre j'ai cousu trois pétales
D'immortelles ils te ressemblent un peu

Un cendrier sur la table une cendre de plus
Un livre un autre et puis l'oubli
Les parfums d'ici-bas d'hier et de demain
Un refrain démodé maintenant
Mon repos balancé aux sentiers du désir
Quand la nuit pour me plaire te retient plus longtemps

La nuit se lève et me prend par le cœur
Quelle heure est-il ?

Entre les puits du ciel et la brume isolée
Qui recouvre le sol voici des perles inquiètes
Des arbres éveillés et des couleurs gelées
Berçant sous le fardeau des frimas qui s'émiettent

Entre les puits du ciel et la brume isolée
Qui recouvre le sol et borde la rivière
Découvrant au réveil des parchemins voilés
À la porte des songes sans franchir la lisière

Entre les puits du ciel et la brume gercée
Et qu'une femme nue pareille à mes pensées
Emplissait d'un reflet dont elle était l'aurore

Les moires nuancées qui inventent le jour
Dessinant le parfum les courbes le velours
Je me suis réchauffé au soleil de ton corps

À TOI

À toi
Le feu d'un ciel d'orage qui deviendra ma voix
La pudeur plus souvent la folie quelquefois
Écartelée sur le tapis du désespoir
Abandonnée fragile allongée au hasard

Les larmes versées les cris que tu n'entends pas
Dans l'espace où l'espace a inventé pour toi
L'allégresse et le rire que parfois je t'envie
Quand j'implore le jour qui changera nos vies

À toi
Ma vie passée sur des solitudes gercées
Avec en bandoulière une écharpe froissée
Et puis de loin en loin la douceur de l'ivresse
Chantant le premier naufrage de la tendresse

Les rires du vent les rires que l'on ose plus
Ils restent cloués à mon cœur les rires mordus
Le silence amer mais le silence est un vieux loup
Qui reviendra parfois s'endormir avec nous

À toi
Une étoile de jade un miroir incertain
Découverts sur les plages d'un pays lointain
Et si tu t'éloignes j'attendrai sans un cri
Au ciel un arc-en-ciel un ciel un peu moins gris

À toi
Pour l'infini pour une vie pour un instant
Toi que je veux toi que je souhaite que j'attends
Vivre avec toi pour une vie pour un instant
Vivre avec toi et dévorer le miel du temps

COUJOUR

J'avais l'habitude de nos mots inventés
Je n'avais pas l'habitude de poser mon corps
Si loin de son corps
Transi dans ma tanière
Je n'ai pas su refaire le monde à notre portée
Je n'ai pas su refaire Le monde à sa manière

Sale Sad blues

Alors elle est partie sans me rendre mon amour
Alors elle a fermé son cœur à double tour
Et le ciel autour
Un deux toi et moi douze moi
Puisqu'elle s'est enfuie de mes nuits et de mes jours
Ses jours séjour blues sans mai sans maison sans toi

Sale Sad blues

Parfois elle ramassait quelques fleurs étranges
Parfois elle allumait tous les soleils défaits
Elle seule pouvait
Ainsi elle part sans mots
Oui j'ai rêvé je sais qu'il y avait des anges
Quand il y avait des fleurs des rubis des émaux

Sale Sad blues

Elle était dans la jungle de mes désirs profonds
Elle était au jardin de mon cœur de bohème
Dis-moi est ce que tu m'aimes
Est-ce que c'est moi

Tout est perdu
Tes rires mon or mon horizon
Sad mots
Sans goût sans poivre sans celle émoi

Sale Sad blues

Douce
Mens ma douce sad mots sad mots blues
Douce elle est partie sans me rendre mon amour
Les jamais les toujours
Et puis son rire perdu
Elle s'est enfuie
De mes nuits et de mes jours
Et notre amour nu hors de portée sous les nues

Et notre amour nu hors de portée sous les nues

Doucement le monde le blues et ma chanson s'affolent
Doucement j'entends chanter les mots de tous les jours
Les jamais les toujours
J'entends mon rire perdu

Mais tout reprend son cours et chaque instant s'envole
Comme notre amour nu hors de portée sous les nues

JE SUIS

Je me souviens seulement de son épaule nue
Je veux rêver encore sous un pin parasol
Je suis la main tendue le bras d'une inconnue
Dans le parfum léger qui recouvre le sol

Je suis l'ombre qui suit tes pas et qui se perd
Je ne suis que le vent qui effeuille minuit
Je suis le mécréant sans âme et sans repaire
Berçant le dernier feu d'un brasier évanoui

Je me souviens seulement de son épaule nue

Je vis dans l'impossible j'ai des amis sur terre
Je ne suis que la source d'un parcours chancelant
Je parle encore ici quand je voudrais me taire
Et regarder au loin un ciel étincelant

Je me souviens seulement de son épaule nue

Je suis le souvenir d'un regard innocent
Je fuis le cours du temps les mensonges officiels
Je lance un dernier vœu je compte jusqu'à cent
Devant les camaïeux qui descendent du ciel

Je me souviens seulement de son épaule nue
Je me souviens seulement de son épaule nue
Je me souviens seulement de son épaule nue
Je me souviens seulement de son épaule nue

LA FILLE DU JOUR ET DE LA NUIT

Seule dans l'aube chère à Rimbaud
Elle parait le ciel se découvre
Derrière les nues les portes s'ouvrent
Sans étoile et sans oripeau

On croit voir les dieux qui sourient
Laissant leurs joutes pittoresques
Devant l'ange des arabesques
La fille du jour et de la nuit

Elle a laissé tomber la robe
Que la lune lui avait offerte
Elle se montre découverte
Avec pudeur elle se dérobe

D'un voile où renait sans un bruit
La lumière neuve du matin
Et lance des regards mutins
La fille du jour et de la nuit

Devant ses courbes dégrafées
Dessinées d'une plume de soie
Sous ses épaules nues l'on voit
Danser sa poitrine de fée

Nue sous la rosée elle jouit
De ces perles bleues et brillantes
Couvrant ses hanches ondoyantes
La fille du jour et de la nuit

Et les poètes chantent encore
Les doux fruits de la déraison
Fendus sous le triangle blond
Tendres amandes aux lèvres d'or
D'une fille du jour et de la nuit

Provence

J'aime la Provence terre d'anarchie et de libertés
Je veux rêver encore sous un pin parasol
Dans le parfum léger qui recouvre le sol

PLUME

J'ai posé ma plume c'est une plume d'ange
Je l'ai posé ici amie des feuilles rousses
De la vigne d'automne tu diras c'est étrange
Il va bien s'enrhumer mais l'idée est si douce

Mais l'idée est si douce on peut la partager
J'ai posé ma plume c'est une plume d'ange
Dans le lit de la vigne avant de voyager
J'attendrai souriant les prochaines vendanges

Et si la vigne est vierge et si l'hiver se venge
Le vent emportant tout dans un éclat vainqueur
J'ai posé ma plume c'est une plume d'ange
Parmi les feuilles rousses et j'ai posé mon cœur

Et j'ai posé mon cœur fragile sans rien voler
Tu sais le bruit du vent je ne suis pas un ange
Viens vite me sauver viens pour me consoler
J'ai perdu ma plume c'est une plume d'ange

IVRESSE

Sous les vignes rousses la Provence est soule

Nous vivions d'amertume et nos regards humides
Semblaient autant de cris qui déchiraient l'absence
Dans les plis ravaudés de nos rêves livides
Nous jetions les regrets d'une simple impatience

Dans les granges oubliées où ces regrets pourrissent
Tu trouveras sans doute un chien qui nous ressemble
Qui relève la tête dès que ma main glisse
Sur ton dos tendu et que mes lèvres tremblent

Nous n'avions ni patrie ni désir de patrie
Les châtaigniers chenus dansent nonchalamment
Nos fièvres nos tourments nul n'en fera le tri
Demain je deviendrai son fils où son amant

La Provence est soule sous les vignes rousses
Soule et par ma voix l'automne est ivre aussi
Rêverie j'imagine la sève si douce
Douce mes souvenirs viendront vieillir ici

Sous les vignes rousses la Provence est soule
Les châtaigniers chenus dansent nonchalamment

AUTOMNE

Combien j'aime ces camaïeux d'ocre et de sienne
Lavis de mauves dans le ciel de pourpre à l'horizon
Ô le feu du couchant ! Dans mon cœur ses tisons
Brulent et cette main n'est plus tout à fait la mienne

Je marcherai sans fin dans la forêt déserte
Les poumons débordant des odeurs de l'automne
Loin la ville et loin sa rumeur monotone
J'ai rendez-vous la fenêtre des songes est ouverte

Le bruissement des feuilles sera mon compagnon
Et le vent toujours frais sifflera ses refrains
Sur mon cou dénudé comme un ami ancien
Je marcherai longtemps sans aucune raison

Je marcherai si tu savais combien j'ai peur
D'arrêter là ma course la sueur sur mon front
Et de voir s'évanouir l'arc-en-ciel des passions
Mais qu'importe la fièvre si l'automne est trompeur

Je marcherai vers toi chevalier sans renom
Je veux marcher encore jusqu'à sentir tes bras
Qu'importe si le monde me déclare scélérat
Ne serait-ce qu'un instant je veux crier ton nom

Ne serait-ce qu'un instant je veux rêver ton nom

L'ORGUE DE BARBARIE

À côté du soleil aux marchés de Provence
Une fillette chante
En berçant la romance d'un orgue de barbarie

Le mistral bienveillant retardera sa danse
Danse ta vie
Lance le jeu d'un air tendre et moqueur
Ma petite inconnue que je connais par cœur

Désarmé je viendrai me rendre à l'évidence
Danse ta vie
Pour la vie mon cœur est ton royaume
Accroche ton sourire sur un air de la môme

Le mistral bienveillant mesure la cadence
Danse ta vie
Dans le feu que tu donnes aux étoiles
Qui feront rêver le peintre devant sa toile

À côté du soleil aux marchés de Provence
Nos amours chantent sur l'orgue de barbarie

Mon amour chante

L'ARCHE DE MANU

Tu peux venir sans papier il a fait son arche
Pour les chanteurs des rues pour les baisers volés
Pour ceux qui n'ont plus pied qui ont raté la marche
Pour les enfants perdus pour les bonheurs volés

Il ne veut pas ton dieu les prières il s'en fout
Il ne veut pas ta peau ni même tes attitudes
Il n'est pas bavard il sourit voilà c'est tout
Il ne veut pas ton style il sait qu'il vient du sud

Chez Manu
Quand on me dit d'où viens-tu
Je réponds le sais-tu
Je viens de chez Manu

Et si l'amour a fait ses griffes sur ton cœur
A mordu dans tes rêves et coulé tes navires
Si tu conjugues à l'imparfait de peur en peur
Ta vie qui ne tient pas debout ta vie qui chavire

Si tu n'as plus de larmes il te reste les rires
Si le monde est pourri tu peux refaire un monde
Un refrain une vie ou l'écho d'un sourire
Une promesse à la main avant que la nuit tombe

MAUVE

Mauve le vent sur les lavandes en fleurs

Au gré de ma plume
Un écueil poursuivi
Le temps n'est plus que brume
Errante comme ma vie

Les mots sur cette feuille
Se jettent et s'abandonnent
Lorsque l'encre s'effeuille
De ma main qui frissonne

Sur un chemin de nuit
Parfum mauve et sucré
Sur un chemin sans bruit
Partageant mes secrets

J'irai ma nostalgie
Arpégeant le silence
Hallucinée vigie
Au profond de l'absence

J'irai noyer l'écume
De mes pensées perdues
Au creux de l'amertume
D'un espoir éperdu

J'irai par mille détours
Sans hâte sans transport
Sans chercher le retour
Sans connaitre de port

Mauve le vent sur les lavandes en fleurs

MOISSONS

Quand le jour baisse les bras
Quand vient le temps des semailles
Ignorant l'épouvantail
Les passereaux dansent bas

Puis reviennent avec l'écho
Les moissons les épousailles
Du bon grain et de la paille
Bordés de coquelicots

Quand vient l'heure du glanage
Quand c'est la terre qui partage
Les parfums et la chaleur

Un grillon chante à tue-tête
Un frisson délie les cœurs
Dans les foins les amourettes

**

Cherchant dans la pénombre où la nuit dévoilée
Se balance
Calme et nue bercée par sa chevelure étoilée
Elle danse

Elle jette ses rires tendrement à contrejour
Irréelle
Étonnée devant l'écho d'un ancien séjour
D'un appel

Une caresse mutine aux ombres passagères
Aux coroles
Qui se lovent dans une ivresse pure et légère
Sans parole

LES OMBRES

Le vent tourmente les genêts
Berce les couleurs du printemps
Le faux jour encore étonné
Par l'ombre des volets battants

Dehors tous les fantômes errants
De mes illusions de grimoire
Renaissent et mon cœur les surprend
Jusqu'aux confins de ma mémoire

Je filtre le sel du silence
Sa chaleur gonfle un peu mes lèvres
Le soir qui vient meubler l'absence
A les manières de la fièvre

Tous les poèmes déraisonnent
Pourtant je les lance à la nuit
Assis devant ce téléphone
Où je vois se vautrer l'ennui

L'ennui de toi qui me déchire
J'écoute un accord de guitare
Venir à moi sans réfléchir
Et s'épancher sur ton retard

L'ennui de toi tant qu'il me semble
Le hurlement d'un animal

PROVENCE

Peut-être un marcassin courant dans la garrigue
Au bord de la pinède sous la lumière verte
De l'été nos sourires mêlés au miel des figues
On allait ramasser des pignes entrouvertes
Avant l'âge du béton

Peut-être un écureuil sa démarche indécise
Au fil des saisons nouées on rêvait de morilles
Et d'asperges sauvages on volait des cerises
Tout ce qui pouvait bien tacher nos espadrilles
Avant l'âge du béton.

Peut-être des violettes sous les pierres des restanques
J'ai vu les coquelicots égayant la prairie
J'ai vu la mer danser rafraichir les calanques
Et la fée Esterelle je crois m'avait souri
Avant l'âge du béton.

Peut-être ce parfum sous un pin parasol…
La brise du matin a comme un gout amer
Peut-être ai-je rêvé allongé sur le sol
Depuis cette colline on ne voit plus la mer
Depuis l'âge du béton.

Je suis du signe du vertige
Et de la terre de Provence
Comme le tournesol sur sa tige
Je suis du signe du vertige
Sans orgueil et sans prestige
Je suis du signe de l'enfance
Je suis du signe du vertige
Et de la terre de Provence

LA FONTAINE MOUSSUE

Quelque part en Provence
Où j'ai posé mon cœur
Rien n'est écrit d'avance
On ne demande pas l'heure

À l'horloge de la tour
Petit matin moussu
Cheminant vers le cour
D'un poète barbu

Quelque part en Provence
À l'abri des saisons
Une fontaine danse
Elle offre sa toison

Les rendez-vous secrets
Les regards des amants
Et le sourire discret
Des inconnus flânant

Quelque part en Provence
Chaque instant prend le temps
Rien n'est écrit d'avance
Un frisson se détend

La fontaine se souvient
Des enfants qu'on promène
Du passage des anciens
Et des joies et des peines

Je vais rester un peu
Assis sur la terrasse
Je vais rester un peu
À mater le temps qui passe

Genre humain

Puis
Doucement au ciel immense
Tous ces enfants qui se balancent
Les joncs
Des arbres nus les branches

L'océan refluant dehors
Calme se dérobe et s'endort
Lentement dénude son corps
Que les gabians[1] d'un faible essor
Caressent près du sable mort[2]

---

[1] Pas un goéland, je te dis un gabian !
[2] J'aime bien ces mots, je les pose là, c'est tout. La place était vide.

LES JOURS SE SUIVENT ET SE RASSEMBLENT

Dans la banlieue épaisse
Où tu te tiens en laisse
Les yeux à peine ouverts
Tu sors à mots couverts

Les silences te remplacent
Et prennent toute la place
Et l'espace et les vers
La face et le revers

Un sombre mal de tête
Engourdi la planète
Tu n'as plus d'atout cœur
Qui donc a sonné l'heure ?

Tu regardes ces gens
Dans un vide accablant
Tu pourrais les aimer
Vivre sans te cacher

Tu cherches l'intervalle
Une aurore boréale
Une orchidée fantôme
La trace d'un chromosome

Mais tous leurs cris par terre
Te font mal à la terre
Quel animal sans peur ?
Qui donc a sonné l'heure ?

Les jours se suivent et se rassemblent
Le temps défait prend tout son temps
Derrière nos pas

ICI

Ici c'est le pays des trafiquants de foi
La morale de l'absence l'élégie de la peur
L'éternel provisoire d'un monde de frayeur
Le murmure des valets ânonné cent mille fois

Ici c'est l'océan où nul ne sait nager
Attendre sans chercher et vivre sans y croire
Et puis baisser les yeux avec ou sans mémoire
Il vibre dans nos mains le cœur des naufragés

Ici c'est la passion du jeu et des vainqueurs
Les idoles du mépris les prêtres du devoir
Tu apprendras tout ce que tu dois savoir
Ce qu'il te faut aimer tu le sauras par cœur

Ici nous ne sommes rien
Et cela nous suffit et cela nous rassure

Ici c'est l'oppression pression de la puissance
Pour taire que sont venus les nouveaux rois barbares
On changera les verbes on refera l'histoire
On te fera goûter les bontés de la science

Ici c'est l'océan où je ne peux lutter
Attendant sans chercher regardant sans savoir
Mais sans baisser les yeux avec dans ma mémoire
Dans le creux de mes mains le cœur des révoltés

Ici nous ne sommes rien
Et cela nous suffit et cela nous rassure

Ailleurs c'est ma chanson quand ma chanson est douce
Quand ma chanson est triste au vent des nuits d'hiver
Quand elle m'est revenue tel un lointain trouvère
Elle est venue mentir elle est là elle me pousse

IL Y A

Il y a le traintrain qui regarde devant
Qui regarde devant
Il y a tous les dieux qui ne sont pas venus
Il y a les passants qui hurlent sous les nues
Et le vent
Il y a la colère qui gronde et qui s'étend
Qui gronde et qui s'étend
Il y a les chansons et des filles à soldats
Il y a les années qui boitent pas à pas
Et le temps
    Et le vent court devant et le temps n'attend pas
Il y a tous ceux-là qui n'ont pas de tampon
Qui n'ont pas de tampon
Il y a tant et tant que l'on met de côté
Il y a loin la vie qui rêvasse à côté
Sous les ponts
Il y a quelque part un enfant qui va naitre
Un enfant qui va naitre
Il y a sa détresse et tu fermes les yeux
Il y a autre part un pays merveilleux
Peut-être
Il y a la légende du bien et du mal
Il y a les prophètes du jugement final
Il y a les marchands qui caressent les bombes
Il y a la bohème qui danse sur les tombes
    Et le vent court devant et le temps n'attend pas
    Sous les ponts peut-être
    Peut-être

LES DÉPARTS

Les départs se balancent à l'ombre des retours
Ici ailleurs demain déjà il attendait
Sur un quai où les heures s'alignent tour à tour
Et regrette sans fin la main qu'elle lui tendait

C'est la valse des cœurs quand sont lancés les dés
Plus vrai que la rumeur bavarde et sans contour
Plus douce la révolte aux cœurs vagabondés
Les départs se balancent à l'ombre des retours

Le temps retient le temps rien n'existe alentour
L'absence étend ses ombres d'un rythme saccadé
Il ne reste que l'écho d'un appel au secours
Ici ailleurs demain déjà il attendait

Une lame de fond qui voudrait aborder
Comment dire autrement les vagues de bruit sourd
C'était là simplement un frisson qui rôdait
Sur un quai où les heures s'alignent tour à tour

Est-ce qu'on peut voir plus loin de la plus haute tour ?
Est-ce qu'un phare incertain pourrait au moins guider
Pour trouver un chemin une escale un détour ?
Il regrette sans fin la main qu'elle lui tendait

Au berceau des saisons le présent bavardait
Devant la vérité ce mirage bien court
Enfin quitter le quai d'un fil de vie dénoué
Il va relire cent fois une lettre d'amour

ATLAS

Dans la banlieue où se confondent
Les espoirs et leurs ennemis
J'ai rencontré presque endormi
Le vieil Atlas portant le monde

Les singes des uns les cris des autres
Penchés sur mes épaules fragiles
Se vautrent
Souvenirs vagabonds d'argile

Les gens qui s'essuient les vautours
Les ramoneurs et leurs empreintes
Tout autour
Tout ce qui suit tout ce qui suinte
Atlas

Sortir la nuit griffer la vie
Seul après les douleurs du jour
Avec l'envie d'être ravi
Sortir la nuit pour dire bonjour
At last

Dos vouté sous les quolibets
Les hypothèques les tendances
Exhibées
Perdu éperdu dans la danse

Dans la poubelle des compromis
Les rats qui fêtent nos défaites
Faux amis
À genoux devant les prophètes
Atlas

Sortir la nuit griffer la vie
Seul après les douleurs du jour
Avec l'envie d'être ravi
Sortir la nuit pour dire bonjour
At last

Je t'ai donné trois pommes d'or
Tu m'as rendu toute ma peine
Plus encore
La mélancolie souveraine

Dans le jardin désespéré
Je prends la nuit à bras le rêve
Le secret
Est-ce mon cœur que je soulève ?

En attendant qu'une chanson triste
Raconte mes amours utopistes
Je prends ma vie à bras le rêve
Est-ce mon cœur que je soulève ?
Enfin

HUMAN BEING

Les voilà qui s'agitent devant leurs idoles
Et portés par leurs cris et bouffés par leurs poings
Les voilà qui réclament un maitre un tyran
Et transis de fureur devant leur nouveau Dieu
Les voilà qui inventent la loi de l'oppression
Les voilà qui s'avancent pour donner la mort
Il leur faut des martyres du sang et du spectacle

J'ai peur de cet animal indécent

Indécents
Les canons luisant du défilé les drapeaux colorés des armées
Les médailles les rubans les galons enfoncés dans leurs mémoires
Les croisades inutiles les sauveurs
Les héros les bravos les statues
Les églises serviles les idées soulevées par le poing
Les marchands de promesses et de mort

Dès qu'il possède un arbre il croit le posséder
Regarde dans ses yeux tu connaitras l'hiver
C'est le tonnerre qui gronde quand par hasard il prie
C'est l'orage partout quand son chant se réveille
Si tu l'entends parler c'est pour choisir son camp
C'est pour donner des ordres et soulager sa haine
Entre l'orgueil et l'envie son cœur est partagé

J'ai peur de cet animal indécent

Indécent
De manger le fruit de ses envies
D'en reprendre et de se croire en vie
De choisir et d'avoir à choisir
De s'assoir à la table du pire

TEMPÊTE

Les regards suppliciés des vieillards chenus
Déchirent les harmonies d'un ciel trop nu
Des chevaux blêmes sur la crinière du vent
Que l'aube échevelée abandonne au temps

Saisissent l'avenir parcourent le destin
À l'ombre singulière du dernier matin
Dans la douleur extrême où chacun se terre
Et s'ouvrent les portes lourdes de l'enfer

Pauvre vaisseau le temps s'effeuille
Et ce radeau n'est qu'une feuille
Contre les flots qui ferment l'œil

L'horizon obscurci s'étire lentement
Dans l'orage blanc d'un abime mouvant
Confondant les murs de haines avec l'effroi
Sourd tonnerre les éclairs que les coteaux broient

Sur la ville alourdie où perle la mort
Ardente et la sève répandue sans corps
De la pierre libérée s'exhale la prière
Et s'ouvrent les portes lourdes de l'enfer

Pauvre vaisseau le temps s'effeuille
Et ce radeau n'est qu'une feuille
Contre les flots qui ferment l'œil

Le musc et l'encens attisent les regrets
Que crache la terre dans un cri dans un rot
D'amertume l'univers n'était qu'un lot
Reniant soudain le peuple déchiré

L'ENFER

Et s'ouvrent les portes lourdes de l'enfer
Et le temps sortilège s'amuse boule de feu de neige

Mêlés l'ocre avec le vent
Et la fièvre du couchant
L'ennui les regrets dérivants
Sur la lisière des champs

La brume sur la psyché d'un étang
L'opaline le jade éphémère
Des moires que la nuit étend
Quand la clarté perd ses frontières

Et les reflets carmin latents
Sur l'écume iris et pervenche
La sérénité de l'instant
Où la nature prend sa revanche

Le souffle blême de l'évasion
Décline les mèches du désespoir
Satin rompu de l'illusion
Griffée par la folie d'un soir

Poussière meurtrie de vanité
L'horloge étreinte violente
Égrène ses couleurs éreintées
Nostalgie brume nonchalante

Ô tumultueux orages qui vibrent
Dans le cœur et les sens des gisants
N'existent que les ombres libres
Pour peindre le silence apaisant

Et le temps maléfice entremêle ses artifices

TU CHANTAIS DES CHANSONS LÉGÈRES

Duo avec Dyane Gregre

Tu chantais des chansons légères

C'était un peu avant une guerre
Avant qu'on change le nom des rues
Avant qu'un marbre délétère
Porte les noms des disparus

C'était sans doute une fin d'été
Avant qu'on compte les absents
Avant qu'un marbre désolé
Porte les noms de nos parents

C'était peut-être un cauchemar
Avant que se lève le jour
Sur un bien triste tintamarre
Sous les obus des canons lourds

C'était pour la gloire éphémère
Qui danse sur les champs de ruines
Et laisse aux yeux vides des mères
Un passé flou derrière la bruine

CHRONOMAITRE

Déjà vendu
Tu te révoltes encore un peu
Pour les draps bleus pour les draps roses
Cérémonie

Déjà perdu
La loi jetée dans le croquis
D'un monde en bleu d'un monde en rose
Cérémonie

Déjà vaincu
Et tu oublies dans ton grimoire
Tes rêves en bleu tes rêves en rose
Cérémonie

Déjà pendu
C'est la victoire qu'ils ont chantée
C'est la victoire jamais la paix
Défilés bleus défilés roses
Cérémonie

Te reste-t-il au bord des lèvres
Le souvenir d'un monde en gris
Comme un frisson comme une fièvre
Comme un écho d'un monde en vie ?

Si tu vas chez les hommes

Aux portes du royaume des plaintes inutiles
Tu verras les fantômes et les chagrins dociles
Tu seras condamné à espérer toujours
Tu seras condamné à espérer toujours
Tu laisseras tes rêves à la douane

Aux portes du royaume des serments méprisables
Tu verras les fantômes leurs regrets misérables

Ils voudraient vivre ailleurs mais pas trop loin d'ici
Ils voudraient vivre ailleurs mais pas trop loin d'ici
Tu laisseras ton cœur à la douane

Aux portes du royaume tu verras leurs fantômes

Tu laisseras tes chaines à la douane

S'il en reste une

L'ERMITE

Un autre ailleurs quelque part
Sur la montagne que le vent
Traverse de part en part
Le temps reste seul passant

Par-delà l'éternité loin des vals de la raison
Et sur des voies épargnées par la civilisation

Un vieillard de trente-trois ans dans son âme une morsure
Écrit pour quelque parent ses souvenirs ses blessures

Il tremble cette lettre
Où parait son effroi
Car le bon Dieu est mort
D'avoir connu les hommes

Et du fond de sa chaumière brule le feu de l'absence
Les maladresses premières les premières inconséquences

Près de la source tarie où transpire son ennui
Les espoirs qui ont pourri perlent encore de la nuit

Il saigne cette lettre
En cachant son émoi
Car le bon Dieu est mort
D'avoir reçu les hommes

Au cœur du brouillard drapé sur le parvis de la mort
En nos esprits désarmés il nous laisse nos remords

Il termine sa lettre
Et signe d'une croix
Mais le bon Dieu est mort
Pour avoir cru les hommes

AUX MARCHES

Aux marches des palais marmoréens
D'orient et d'occident

Ils rêvent d'ailes
Elles rêvent d'iles
D'un asile
D'un appel
Nus devant l'immensité
Du passé du verbe être

Si fragile
Sous la grêle
Des mensonges éternité
Des tyrans et des prêtres
Inutile
Les chapelles
Cachées dans l'obscurité
Plus un dieu plus un maitre

Mi-docile
Mi-rebelle
Les enfants déshérités
À chaque pas à chaque mètre

Ils rêvent d'ailes
Elles rêvent d'iles
D'un chemin d'humanité
Hors du nid des paraitre

MINUIT

Il était minuit quelque part

Il y avait de la bière au bar
Ou du vin va donc savoir
Le silence est sans répartie
Et les gens étaient partis

C'était derrière un comptoir
Où les étrangers viennent boire

Faut-il mourir ou s'enfuir ?
Faut-il protéger le cuir ?
Chaque larme chacun sa butte
C'était le seul point de chute

Et c'est là qu'ils sont tombés
Ignorant les quolibets
Sans demander à s'assoir
Sans raconter leur histoire

C'était derrière un comptoir
Où les étrangers viennent boire

Comme le vide dans l'espace
Un chien seul sur la terrasse
D'une drôle de salle d'attente
Avec une moue hésitante

Il était minuit quelque part
Et les gens étaient partis

AUX VANITÉS

À toi qui savais tout sur tout
Qui pensais tout savoir sur moi
Je n'ai pas noté ton rendez-vous
Je m'égarais sur cette terre

À toi qui vends sans posséder
Et tous ces gens pressés sous les
Bombardements publicitaires
Dans le respect de leur vie privée

À toi qui dis tu peux me croire
Le ciel a bien des avantages
Aux enrôleurs aux beaux parleurs
Toi qui prétends dompter le monde

Aux seigneurs des Mégalopoles
Aux vanités aux bavardages
Sur mon chemin sans toi ni foi
Je veux danser quelques secondes

Et loin de vous déjà caché
Dans une chanson triste et douce
En la mineur tirant sur l'ac-
Cord-de de ma mélancolie

Sur cet arpège à ma mesure
Va savoir où elle me pousse
Dans cet univers détaché
Pour ses accents de liberté

Bercer les paroles en caresser l'écho
Avec les harmonies de cette mélodie
Accompagner mes pas poser ici ou là
Ses notes sur mon cœur partager les couleurs

QUITTER TOUT

Quitter tout sans omettre
Ni les mots ni les gestes
Quitter tout se démettre
Des passions diluviennes
Des blessures quotidiennes

Et poser tes larmes au soleil
Poser tes larmes au soleil

Quitter tout sans escorte
Oublier les cohortes
Quitter tout le paraitre
De l'impasse des postures
Aux ivresses d'aventure

Et poser tes larmes au soleil
Poser tes larmes au soleil

Quitter tout
Les cloportes
Ceux qui frappent à ta porte
Quitter tout
Les rapaces
Les cadors de la place
Les badauds qui coassent

Et poser tes larmes au soleil
Poser tes larmes au soleil

Quitter toutes les attaches
Laver la moindre tache
Quitter tout sans colère
Et vaincre la routine
Aux griffes assassines

Et poser tes larmes au soleil
Poser tes larmes au soleil

Tu rêves que tu rêves
Et le présent s'achève
Ignorant la boue à tes souliers

Tu rêves que tu rêves
Que le présent revienne
Sécher tes peines oser tout quitter

Chansons

TU ES VENUE

Tu es venue je dormais depuis si longtemps
Je fouillais dans mes rêves où le désordre est loi
Ton regard qui se cache et qui me suis pourtant
Moi je le prends
Comme un voleur

Tu es venue je ne suis rien sur cette terre
Ce sourire qui s'approche est-il vraiment pour moi
Je ne sais plus parler je ne sais plus me taire
Et je m'enfuis
Comme un voleur

Je découvre par toi un souffle plus précieux
Que jamais n'ont connu mes serments légendaires
Un souffle plus puissant que les lames des cieux
Et qui vivra
Si tu m'entends

Cherche-moi si tu veux dans les ourlets du vent
Car demain je reprends le flambeau des corsaires
Car le rire et le feu bruleront plus souvent
Si tu m'entends
Si tu m'entends

CHANSON POUR ÉDITH

Des chansons j'en connais tellement
Des chansons j'en connais tellement
Elles m'évitent de tomber
Lorsque le sol s'est dérobé

Elles m'évitent de me cogner
Elles m'évitent de me cogner
Sous mes pas lorsque les murs penchent
Voilà ma part et ma revanche

Parfois je croise Édith

Rien n'est plus fort que le début d'un amour
Moi des amours j'en ai commencé beaucoup

Des chansons j'en connais des tas
Des chansons j'en connais des tas
Elles ne vivent pas longtemps
Trois minutes un ou deux printemps

Et parfois elles reviennent
Et parfois elles reviennent
Comme à l'âge sans détour
Où elles te faisaient la cour

Parfois je croise Édith

Rien n'est plus fort que le début d'un amour
Moi des amours j'en ai commencé beaucoup

Regarde mes mains qui tremblent
Regarde mes mains qui tremblent
Tu vois c'est l'amour qui passe
Comme une chanson dans l'espace
Elle vous emporte accordéon

Elle vous emporte accordéon
Survivant dans un lieu de chance
Où l'émotion se balance

J'y vais souvent avec Édith

Elle disait l'amour sans la chanson ça peut pas aller
Allez !

AU TEMPS PERDU

J'ai embrassé mon père ma mère
J'ai pris la vie en rêvant tout bas
J'étais sorti pour prendre l'air
Et puis revenir sur mes pas

J'ai attendu le jour qui vient
J'ai tutoyé le jour qui va
Jusqu'à l'aurore jusqu'au matin
Je suis même tombé dans ses bras

Au temps perdu

Tu les as dits à ta manière
À pas feutrés à petit pas
Les mensonges que je n'aimais guère
Les mensonges que je n'aimais pas

Tu m'as volé jusqu'à l'écho de mes rires
Tu as volé mes sanglots mes désirs

Au bout du jour c'est déjà l'hiver
La neige a recouvert mes pas
La vie est tombée à l'envers
J'ai dit merci en pleurant tout bas

Au temps perdu

Tu m'as volé jusqu'à l'écho de mes rires
Tu as volé mes sanglots mes désirs

Je reviendrais après ma guerre
Au mitan du dernier repas
Chanter les chansons de naguère
Les chansons que tu n'aimais pas

VOUS N'AVEZ PAS DE MESSAGE

J'ai oublié le jour
J'ai perdu des heures
J'ai passé mon tour
Je reviens tout à l'heure

J'ai rêvé longtemps
J'étais sur mon ile
J'ai rêvé pourtant
Je suis là fragile

SO S MS

Il n'y a pas de mais
Je sais que tu pardonnes
Écris-moi s'il te plait
Sinon tu m'abandonnes

Non je n'ai pas fumé
Inutile de sourire
L'étincelle allumée
C'est un éclat de rire

Je n'ai pas été sage
Mais j'attends ton message

SO S MS

CHANSON POUR CELLES À QUI L'ON A MENTI

C'était un matin quelconque

On l'a retrouvée dans la Loire
Ligotée dans un trou de mémoire
Elle portait des fringues un peu nazes
Un peu trempés dans la vase

Personne ne peut faire le compte

Il y avait de l'espace pour deux
Dans son cœur en serrant un peu
Mais ses désirs avaient pris l'eau
Traversant l'amer au goulot

Découvrant toutes les vipères
Lovés dans les yeux d'eau tiède
D'un menteur au charme insolent
Trônant sur un rire nonchalant

Un mauvais rêve une légende
Un frisson de contrebande
Personne ne dit rien de lui
La violence est à l'abri

Dans un pays tout près d'ici

C'était un matin quelconque

C'était un matin sans âge
L'hiver était dans les nuages
Les oiseaux traversaient pour boire
Circulez il n'y a rien à voir

Quand le diable est à la porte

C'EST TA CHANSON

J'ai sillonné la route
Les bonheurs et les doutes
Comme un ancien
Un baladin
À la belle étoile
Ces notes sont pour toi

Je vois lorsque tu dors
Là comme un reflet d'or
Et de diamant
Si tendrement
Volé aux étoiles
Ces notes sont pour toi

Pour un instant
Sur le long chemin qui t'attend
Le cœur battant
Contre tous les vents

D'où viennent ces mots doux ?
Tous ces rêves un peu fous
C'est ta chanson
Petit garçon
À ta bonne étoile
Ces notes sont pour toi

Donne-moi la main
Sur le long chemin qui s'étend
De temps en temps
Je serai devant

QUELQUE CHOSE DE TOI

Je suis un baladin
Le ciel dans ses bagages
Un enfant du voyage
Qui triche avec demain
Endormi dans tes draps

Je ne suis qu'un brigand
Sans armes sans bagages
Un oiseau de passage
Qui joue avec le temps
Et parfois dans tes bras

(Ô) quelque chose de toi
Brille entre chien et loup
Dans la mémoire d'un fou

Va donc savoir pourquoi
Je garde au fond du cœur
Ton regard ton regard

Je danse avec le feu
Tirant à pile ou face
Mon reflet dans ta glace
Le diable ou le Bon Dieu
Prieront ce soir pour moi

Je partirai bientôt
Peut-être un soir d'hiver
De soleil à l'envers
Tranquille ou le cœur gros
Emportant avec moi

(Ô) quelque chose de toi
Un mot ou un sourire
Un livre un souvenir

(Ô) quelque chose de toi
Une mèche de cheveux
Pourquoi pas pourquoi pas

LE TRAIN

Où va ce train ?
Aller simple je n'en sais rien
Petit matin je prends le train
Est-ce ici que la vie commence ?
Je vois ces gens aux yeux immenses
Des pèlerins narguant l'enfance
Je vois les collines les vallées
Les coquelicots dans les blés
Des nuées d'oiseaux s'envoler
Qui viendra me tendre la main
Trouver du sens à ce chemin
Mon cœur battant essaye en vain

Où va ce train ?
Aller simple c'n'est pas le mien
Mi-temps de vie je change de train
Avec mes amours dévoilés
Avec mes rêves à trimballer
Avec des rires que j'ai volés
Peut-être que j'attends quelqu'un
On parlera de tout de rien
Ou d'autres choses qui font du bien
Trois saules penchés sur un ruisseau
Un chemin creux près des roseaux
Un arc-en-ciel jouant du cerceau

Il faut mâcher longtemps avant d'être apprivoisé
Quant à la vérité je ne l'ai jamais croisée

Où va ce train ?
Aller simple tout ira bien
Il va chanter le prochain train
Des troubadours des baladins
De la musique côté jardin
J'ai tant d'amis de loin en loin

Qui sont mes frères qui sont mes sœurs
Protégeant le merle moqueur
Vent contraire et cœur contre cœur
Si l'ennui rode en embuscade
Je reprendrais mon cœur nomade
La belle balade mon escapade

Il faut mâcher longtemps avant d'être apprivoisé
Quant à la vérité je ne l'ai jamais croisée

CROSSROADS

Rejoue-moi ce satané blues
Rejoue-moi ce satané blues
Cette mélancolie sans faute
Qui vient de là-bas ou là-haut
Ce refrain du genre ventouse
Je veux partir à marée haute
Je veux pas me noyer dans un verre d'eau

Rejoue-moi ce fichu blues

Rejoue-moi ce satané blues
Rejoue-moi ce satané blues
Quand le passé nous joue des tours
De ses trucs qui font mal aux yeux
La nuit ne sera pas jalouse
Ce n'est qu'une alerte à l'amour
Qui parle du diable ou du bon Dieu

Rejoue-moi ce fichu blues

Rejoue-moi ce satané blues
Rejoue-moi ce satané blues
Né au croisement du désespoir
Entre Memphis et le paradis
Pour la mesure il m'en faut douze
Et le dernier verre au comptoir
Aura l'audace du repenti

Rejoue-moi ce fichu blues

Rejoue-moi ce satané blues
Après on ira faire un tour
Le crépuscule de l'aube
Et moi

VOYAGES

Je ne sais pas où je pars
Je ne sais pas où je vais
Est-il trop tôt ou trop tard ?
Je ne compte pas les secondes

Je voyage dans le vent
Dans le vent qui soupire
Dans le vent amusé
Qui chante et qui s'égare
Sur le quai d'une gare

Je voyage dans le temps
Dans le temps d'un sourire
Dans le temps d'un baiser
Dans le temps d'un regard
Dérobé au hasard

Je voyage dans les mots
Dans les mots qui respirent
Dans les mots déguisés
En guirlande en buvard
Dans les rues dans les bars

Je ne compte pas les secondes
J'emporte ma guitare
Ma chanson vagabonde
Aux endroits où je pars

Quand parfois je m'en vais
Au bout de la nuit

FAUST

L'eau est si rouge
Je n'irai pas me baigner dans la claire fontaine
Plus rien ne bouge

Les fils de Faust sont daltoniens
Dans ce monde où les putains
Portent cravate à l'encolure
Chaque jour tu te sais traqué
Par la machine à rendre con

Dans les poubelles du temps perdu
Pendant que les hommes se tuent
Le verbe gras les poings serrés
Sur des idées bien acérées

Les voilà qui s'agitent devant leurs idoles
Que vas-tu dire aux gens de BABEL ?

Un mensonge un vrai
Un qui fait le nord des icebergs en larmes
Un qui va planter des maïs d'alarme
Un qui balance d'est en ouest des idéaux
T'comme des tours
Un qui fait frontière à côté de chez toi
Un qui fait crédit pour les déserts du sud
Un qui revendique nos prisons nucléaires
Un qui naturalise nos peines
Capitales

Un mensonge un vrai
Un qui emprisonne tous les chiens sans collier
Un qui somnambule pour des dieux de parade
Un qui fait la pub déguisé en Jimmy
Morrison

L'eau est si rouge
Je n'irai pas me noyer dans la claire fontaine
Si rien ne bouge
Les fils de Faust sont assassins
Que vas-tu dire aux gens de BABEL ?

Un mensonge un vrai
Un qui fait la vie dure
Un qui tue par millions
Un qui passe à la télé !

BARBARIE

Langueur et amertume
Traversent les faubourgs
Et le temps qui s'embrume
Autour

Contre les murs flétris
Où notre vie s'endort
Un chien hurle à la nuit
Dehors

Pudeur et somnolence
On n'attend plus l'aurore
Où la mort se balance
Encore

Et mon cœur misérable
Retient cette prière
Ton tabac sur la table
D'hier

Comme souffle de moins
Comme un rêve d'enfant
Il est parti très loin
Devant

Le vieux est mort hier au soir
Le vieux est mort hier au soir

Sur l'oubli on étend
Le passé quelquefois
Et toi tu nous attends
Là-bas

Tu rêves à des saisons
Aux rires des gamins
Emplissant la maison
Sans fin

Ne dis rien à personne
Je sais que tu m'entends
Oui les larmes sont connes
Vraiment

On ne se voit qu'aux enterrements
On ne se voit qu'aux enterrements

Le visage penché
Sur le marbre des lois
Le visage taché
De froid

Passant sur ton chemin
Aura-t-on la folie
De dire que c'est très bien
Ainsi

LES JOURS MEILLEURS

Les jours meilleurs c'est pour demain
Pour les amours sans lendemain
Tu vis au bord de ta vie
Parfois penché sur la nuit

Tu sors comme un étranger
Dans un pays dérangé
Avec tes larmes inventées
Avec ton cœur maquillé

Tu vis sans foi ni drapeau
Il est trop tard ou trop tôt
Tu n'es plus là pour personne
Dans tes paris de maldonne

Sans jamais faire un détour
Cherchant l'ivoire dans ta tour
Tu vis sans savoir si tu vis
Tu ris sans savoir si tu ris

Tu prétends refaire le monde
Avant que la nuit ne tombe
Chasser l'envers du décor
Sans avoir trouvé de port

Tu fuis l'ombre et la lumière
Et l'écho bleu des rivières
T'as jamais ouvert les yeux
Tu n'es même pas malheureux

Tu vis dans un lit défait
Tu conjugues à l'imparfait
Un rêve qui n'tient pas debout
En te moquant bien de tout

Tu vis sans savoir si tu vis
Tu ris sans savoir si tu ris
Je vis dans un lit défait
La vie d'un chat satisfait

Je vis sans savoir si je vis
Je ris sans savoir si je ris
Sans la chaleur de tes mots
Et sans tes doigts sur ma peau

Les jours meilleurs c'est pour demain
Pour les amours sans lendemain

ET PUIS

Et puis au petit jour on se croit libre encore
On respire on grandit on veut vivre plus fort
On est ivre

On découvre l'enfant notre premier ami
Souviens-toi de celui qui s'était endormi
Sur nos livres

On appareille déjà on se lève on décolle
On appareille enfin on s'étend on s'envole
Pour les îles

Et puis la vie nous pousse à écouter la pluie
Tomber sur nos cœurs vides éclabousser nos nuits
Inutiles

On est fou on s'en fout paumés sur le chemin
On rit des chansons tristes des larmes dans nos mains
Qui s'inscrivent

Mais seul entre nos rides on ne sort presque plus
On croyait tout savoir pourtant on ne sait plus
On dérive

Et puis les yeux ouverts pour un sourire qui penche
On se réveille parfois on revient des nuits blanches
On veut vivre
On veut vivre

À CELLE QUI DORT

Je ne vous dirais rien et vous m'écouteriez
J'aurais au fond des yeux les fables des gamins
Tous les contes de l'Inde la rose et le jasmin
Parfumant les secrets d'un ancien parchemin
Et le printemps nouveau la fleur de cerisier

J'inventerais des draps de menthe et de lavande
Je volerais pour vous tout l'or de la Provence
Étendu sur le lit d'un crépuscule intense
Et les champs ouvriront leurs cornes d'abondance
Déversant des colliers des rivières d'amandes

Je ne parlerais pas je serais à genoux
J'inventerais des dieux pour être leur vainqueur
Et le regard d'un chien pour me clouer le cœur
Je chasserais la pluie au désespoir moqueur
Pour qu'enfin le soleil descende jusqu'à nous

J'irais cueillir tous les bleuets

Je ne tremblerais pas je vous les offrirais
Je ne parlerais pas pour vous je chanterais
Je chanterais si mal que tu t'éveillerais
Je chanterais si mal que tu en souriras

SAD BLUES

J'avais pris l'habitude dans ma tanière
De refaire le monde à sa manière
Poser mon corps contre son corps
Des heures entières

Elle a fermé son cœur à double tour
Sans me rendre l'amour elle s'est enfuie
Toi moi sans moi sans ciel autour
Maison sans toi
Sale Sad blues

J'entends chanter et s'évanouir
Notre amour nu hors de portée
J'entends son rire
Perdu sous les nues

Tous les soleils défaits qu'elle allumait
Parmi les fleurs étranges qu'elle ramassait
Elle seule pouvait
Oui j'ai rêvé
Le cœur des anges

Elle était au jardin mon cœur bohème
Dis-moi est-ce que tu m'aimes
Est-ce que c'est moi
Tes rires mon or mon horizon
Sad mots sans goût
Sale Sad blues

Les jamais les toujours
Mes nuits mes jours
Et ma chanson s'affole
Pourtant le monde reprend son cours
Et chaque instant présent s'envole

TES AIRS

Avec tes airs de poupée triste
Avec tes airs de *'comediante'*
Tu construis un palais de rien
Dont je ne suis que le gardien
Avec tes rires de jeune louve
Avec tes rires qui s'affolent
Je vois les leçons qui s'envolent
À peine sortie de l'école

Avec tes mèches qui se lovent
Avec tes mèches vagabondes
Qui me redécouvrent le monde
Au rythme fragile de tes rondes
Avec tes yeux qui me pardonnent
Avec tes yeux comme animal
Chaque fois que tu me fais mal
Tu vis toujours ton premier bal

Avec tes larmes sur ma bouche
Avec tes larmes qui s'enroulent
Je voudrais marcher sur les foules
Qui ne savent pas que je coule
Avec ta peau entre mes doigts
Avec ta peau comme un trésor
Que je voudrais serrer plus fort
Enfin m'endormir sur ton corps

Avec tes airs de poupée tendre
Avec mes idées étendues
Sur la corde à linge des rues
Où tant d'autres se sont pendus
Tu as pris le temps de m'attendre
Avec mes idées buissonnières
Avec mes passions dérisoires
Avec tes airs de poupée tendre

DANSER

À découvert devant le chemin
Dans tes yeux verts cet éclair vainqueur
Rien ne s'efface mais cœur contre cœur
S'il reste une place donne-moi la main

Si tu dis pars je pars avec toi
Si tu dis cours je cours avec toi
Sans un détour je viens vers toi
Si tu dis pars je pars avec toi

En attendant elle veut danser
Et balancer ne rien penser
Les filles aiment danser

Si tu dis cours je cours avec toi
Sans un détour je viens vers toi
Si tu dis pars je pars avec toi

Tous les parfums la rose le jasmin
Tous les trésors et tous les châteaux
Rien ne s'efface donne-moi la main
Cœur contre cœur péchés capitaux

En attendant elle veut danser
Et balancer ne rien penser
Les filles aiment danser

Elle veut danser

ALORS

Lorsqu'on ne veut plus lorsqu'on ne peut plus
Chercher l'espoir du matin jusqu'au soir
Dans les couloirs de nos rêves dortoirs
Lorsqu'on ne sait plus
On a le rire qu'on peut

Lorsqu'on a mordu lorsqu'on a vendu
Notre jeunesse à de fausses princesses
Notre tendresse pour de maigres caresses
Lorsqu'on est perdu
On a les jours qu'on peut

Lorsqu'on a connu lorsqu'on a tenu
À chaque jour ses jamais ses toujours
Chauffant l'amour au feu de nos discours
Lorsqu'on est tout nu
On a les mots qu'on peut

Quand le corps se penche avec lassitude
Que la solitude nous tire par la manche
Quand le regard s'endort quand le regard est froid
Quand on nous croit roi quand on nous croit fort
Lorsqu'on nous croit fou lorsqu'on vit tout bas
Et qu'on sait déjà qu'il n'est plus pour nous
Le temps de tricher le temps de mentir
Le temps de partir ou de se cacher
Alors
On a le cœur qu'on peut

PASSAGERS

Loin de ce monde
Passagers pour les étoiles
Héros naufragés planant dans une ronde
D'océans soyeux cherchent-ils Orion un astre merveilleux ?

Cherchent-ils une ile
L'espoir et la liberté ?
Bonheur emprunté
Berçant la voie lactée

Leurs dialogues incertains seraient-ils entendus ?
Les échos suspendus cachés derrière le tain
D'un miroir défendu une âme qui a perdu
À jamais son latin une âme sans butin

On va rêver imaginer le vol des passagers
On va rêver imaginer le cœur des messagers

Où sont gravées
Nos destinées
Et si tu savais
Le deviner ?

On va rêver imaginer nos histoires partagées
On va rêver imaginer nos désirs mélangés
On va rêver imaginer le vol des passagers
On va rêver imaginer le cœur des messagers

Au-delà des orages au-delà des nuages
Faire un détour plus haut que la plus haute tour
Un paradis au ciel peut-être artificiel
Regarder sur un quai les étoiles en bouquets

LA MAIN TENDUE

La nuit est pâle
J'ai marché sur les avenues
Dans ce dédale
Où les passants restent inconnus
J'ai vu les fleurs du mal
J'ai vu les belles-de-nuit
Et l'ennui animal

Je n'irai pas bien loin ma main tendue
N'a pas trouvé la tienne

Si l'on se frôle
Je pourrais peut-être dormir
Sur ton épaule
Sans intention et sans frémir
Caché dans le brouillard
Déjà apprivoisé
J'ai croisé ton regard

Je n'irai pas plus loin une main tendue
S'approche de la mienne

Je peux mentir
Mes souvenirs
S'endorment peu à peu dans mes pensées
Ribambelles
Dansées
Un peu rebelles

J'ai vu les fleurs du mal
J'ai vu les belles-de-nuit…
Nous n'irons pas plus loin
Main dans la main
Mais nous irons ensemble…

CAMÉLÉHOMME

On ne met pas toujours au soleil
Nos idées folles nos idées fêtes
Le matin quand on se réveille
Avec des fourmis dans la tête

On cache un peu de notre histoire
Pour protéger ses joies d'enfants
Et tout au fond de nos mémoires
C'est un souvenir qui se défend

Contre la nuit contre le temps
Contre le feu des habitudes
En oubliant de temps en temps
De rejoindre la multitude

Qui es-tu caméléhomme ?
Entouré de femmes et d'hommes
Aux idées molles aux ventres ronds
Trois petits tours et tourne en rond

C'est à quatre ans qu'on dit je t'aime
Pour la première fois et puis
Sans escale et puis sans problème
Peur après peur tout s'évanouit

On a des couleurs au visage
Et de la boue à ses souliers
Une photo un paysage
Qui dit qu'on n'est pas fou à lier

Malgré l'ennui malgré la peur
Malgré le poids des certitudes
On se souvient d'avoir un cœur
Dans la cohue des solitudes

Qui es-tu caméléhomme ?
Entouré de femmes et d'hommes
Aux idées molles aux ventres ronds
Trois petits tours et tourne en rond

On vit pour un morceau de terre
Pour une idée on veut mourir
Au crayon tracer des frontières
Sur l'amour les rêves et les rires

Où es-tu caméléhomme ?
Entouré de femmes et d'hommes
Aux idées molles aux ventres ronds
Trois petits tours et tourne en rond

On ne met pas toujours au soleil
Nos idées folles nos idées fêtes
Le matin quand on se réveille
Avec des fourmis dans la tête

Sommaire

LES MOTS 7
    Parchemin 7
    Un rêve un mensonge une promesse 8
    Où vont mourir les mots 9
    Je t'ai volé ces mots 10
    L'usure et la patine 11

TAILLEUR DE RÊVES 13
    Les masques 13
    Comment 14
    Dans les palais déserts 15
    Les rives du temps 16
    Intervalles 18
    Le bonheur 19
    Nous vivons 20
    Rôdeur 22
    Élixir 24
    Tu vas 25
    La mémoire 26
    L'impossible 27
    Les loups 28
    L'absence 29
    L'oubli 30
    Terre 31
    Sablier 32
    Désarmé 34
    J'ai le cœur lourd de ton silence 36
    Entre le mensonge et l'oubli 37
    Je porte 38
    Partir 39
    Tailleurs de rêves 40

LETTRES À L'ENFANCE *41*
    Quand le soir 41
    Lettre à l'enfance 42
    Trace 43
    La folie 44
    L'espérance 45
    Métis 46
    J'attends toujours 47
    Les mamans 48
    L'enfant qui dort 50
    Berceuse 51
    La petite école 52
    Le sablier 53
    Petite sœur 54
    Un enfant sans cri 55
    Poivre 56

NUITS *57*
    Credo 57
    Loin 58
    Chandelle 59
    Les vieux gamins 60
    Banlieue 61
    La nuit s'ennuie 62
    Saxo 64
    Blues 66
    Venise 68
    La rencontre 69

TROUBADOURS *70*
    À un poète 70
    Vagabonds 71
    On voudrait 72
    Blue moon 73
    Clown en la mineur 74
    Lune bleue 75

Sommaire

- Le cerveau 76
- Les idées en vrac 77
- Bohémiens 80
- Troubadours 78
- Cavarane 80

ROMANCE *83*
- Je t'apporte 83
- Aurore 84
- Ce parfum 86
- Requiem 87
- Cet univers 88
- Ce n'est pas un poème 89
- Tard 90
- À toi 91
- Coujour 92
- Je suis 94
- La fille du jour et de la nuit 95

PROVENCE *97*
- Plume 97
- Ivresse 98
- Automne 99
- L'orgue de barbarie 100
- L'arche de Manu 101
- Mauve 102
- Moissons 103
- Les ombres 104
- Provence 105
- La fontaine moussue 106

GENRE HUMAIN *107*
- Les jours se suivent et se rassemblent 108
- Ici 109
- Il y a 110
- Les départs 111
- Atlas 112

Human being 114
  Tempête 115
  L'enfer 116
  Tu chantais des chansons légères 117
  Chronomaitre 118
  L'ermite 120
  Aux marches 121
  Minuit 122
  Aux vanités 123
  Quitter tout 124

CHANSONS *127*
  Tu es venue 127
  Chanson pour Édith 128
  Au temps perdu 130
  Vous n'avez pas de message 131
  Chanson pour celles à qui l'on a menti 132
  C'est ta chanson 133
  Quelque chose de toi 134
  Le train 136
  Crossroads 138
  Voyages 139
  Faust 140
  Barbarie 142
  Les jours meilleurs 144
  Et puis 146
  À celle qui dort 147
  Sad blues 148
  Tes airs 149
  Danser 150
  Alors 151
  Passagers 152
  La main tendue 153
  Caméléhomme 154

SOMMAIRE *157*